一本讀懂秦漢中國

鄭連根——著

目　錄

秦漢中國：
帝制從創建到成熟（代序）

從秦始皇到王莽 / 001

秦始皇的情商 / 003

「雙商堪憂」的秦二世 / 014

乍興乍亡話陳勝 / 033

項羽的巔峰與末路 / 045

聽取意見學劉邦 / 087

劉邦的心理陰影 / 098

文景之治：當皇權肯於無為而治 / 115

漢武帝的外向型人格 / 126

後漢武帝時代的權力鬥爭 / 144

從外儒內法到王霸雜用 / 162

胎死腹中的「蕭望之政改」/ 172

好色荒淫的漢成帝 / 184

外戚擅權真要命 / 190

「超級影帝」王莽 / 200

從頂層設計到人間百態 / 215

大帝國的頂層設計與漏洞修補 / 216

政權合法性在秦漢兩朝的不同構建 / 233

秦漢之際家庭關係一瞥 / 243

漢代社會的十個階層 / 251

太后為何多任性 / 292

延伸閱讀書目 / 299

大事年表（公元前 221—公元 8）/ 301

秦漢中國：
帝制從創建到成熟 （代序）

　　人類最初創建的帶有政治意味的共同體是原始部落，部落與部落之間結盟，就有了部落聯盟。部落聯盟再發展，就建立了王朝政權。

　　中國歷史中，黃帝戰勝炎帝、蚩尤的故事，反映的就是不同部落與族群之間互相兼併，走向更大政治共同體的過程。部落聯盟在大禹建立夏朝後升級到了王朝政權的形態，然後就有了夏、商、周三個早期的王朝。

　　周朝取代商朝之後，在政治上創建了封建制度。周武王把天下劃分成若干個諸侯國，分封給自己的親族和功臣。各諸侯在自己的封地內擁有全面的治理權，他們可以組建軍隊，可以徵收賦稅，可以任命卿、大夫等高級官員。不過，諸侯國要按時朝貢周天子，周天子出兵平叛及討伐夷狄時，各諸侯國有義務出兵相助。

　　周朝分封制的實質，是以血緣親情為紐帶，以分

封為政治恩惠，將周天子與所封諸侯緊密地捆綁成一個更大的權力共同體。有了這個更大的權力共同體，才能統治更大的疆域和更多的人口。

不過，到了東周時期，隨着周平王被逼遷都洛邑，周天子的政治權威喪失了。各諸侯國不再聽周天子的了，他們彼此之間不斷發生戰爭，爭着當霸主，爭當「帶頭大哥」。春秋五霸就是這種爭霸戰爭的產物。春秋時期，與爭霸戰爭同時發生的，還有禮樂制度的全面解體——西周時期所尊奉的道德文化和行為規範，這個時候出現了土崩瓦解的狀況，就是所謂禮崩樂壞。禮崩樂壞，其實意味着社會進入到了一個全面的轉型時期——舊制度和舊道德已然解體，新制度和新道德尚未建立。

進入到戰國時期，原來的爭霸戰爭發展為兼併戰爭。如果說爭霸戰爭的目的是為了地位和面子（打贏了戰爭可以當霸主），那麼兼併戰爭的目的則是為了赤裸裸的利益。此時，各諸侯國發動戰爭，就是為了奪取其他諸侯國的土地、財富和人口。兼併戰爭的規模越來越大，所剩下的諸侯國就越來越少，發展到最後，就是秦統一六國，建立了秦朝。至此，周朝所創建的封建制徹底為秦朝創建的帝國制度所取代。

我這本書所寫的，正是從秦漢時期的中國歷

史 —— 具體地說，就是從秦始皇創建帝國制度到王莽篡漢這個時期的歷史。

這段歷史的主題可以概括為：爭當皇帝及如何當好皇帝。秦始皇和秦二世當上了皇帝，但都沒當好，秦朝滅亡了；陳勝和項羽以反抗暴秦成名，但最終倒在了爭奪權力的路上；劉邦以平民身份登上了帝位，建立了漢朝；漢文帝和漢景帝用黃老之術治理國家，成就了一段文景之治的佳話；漢武帝既雄才大略，也好大喜功，崇尚儒術卻大肆征伐，用外儒內法的方式治國，功業和弊端都極其明顯；漢宣帝汲取前代經驗教訓，以王霸雜用之道治國，遂有歷史上的宣帝中興；漢元帝優柔寡斷，致使「蕭望之政改」胎死腹中，王朝由盛轉衰；漢成帝荒淫好色，國事越加不堪；延及漢哀帝、漢平帝之時，朝政大權完全落入外戚之手，王莽就此篡奪了漢朝的天下。

秦漢時期的中國，是帝國制度的創建早期。在這個時期，秦始皇、秦二世、項羽、劉邦、漢文帝、漢景帝、漢武帝等諸多大名鼎鼎的人物輪番登場，他們的成敗得失足以給今人以種種啟迪。這是我寫這本書的第一點動機。

我寫這本書的第二點動機，是想梳理一下帝國早期的試錯過程。相較於春秋戰國時期的邦國體系，

秦漢時期的帝國制度無疑是一次制度升級。面對着空前遼闊的疆域和日益複雜的社會，單一的文化理念和治理模式已無力承擔這種繁重和龐雜的任務。如此一來，帝國的政治運轉與思想文化資源之間出現一段磨合期也是順理成章之事。

秦始皇統一六國後，用法家思想作為帝國的意識形態，一方面對治下的民眾橫徵暴斂，另一方面對外發動擴張戰爭。這樣的做法導致秦朝「二世而亡」。劉邦建立漢朝之後，汲取了秦朝速亡的教訓，知道「馬上得天下，不能馬上治之」，遂採用道家的黃老之術治國，減少政府對百姓的干擾，與民休息。這項政策延續了六十多年之後，遂有了歷史上著名的文景之治。

富強起來的漢朝不甘於無為，於是在漢武帝統治時期實行「罷黜百家，獨尊儒術」，將經過漢儒改造過的儒家思想作為帝國新的意識形態。漢武帝一番窮兵黷武之後，帝國國庫空虛、民不聊生，國家處在了崩潰的邊緣。漢武帝的後繼者不得不重新調整政策，再次與民休息。

漢宣帝統治時期，這位深知民間疾苦的皇帝終於認識到，任何單一的意識形態都不足以用來治理如此複雜和龐大的帝國，於是他提出了一種王霸雜用的治

國理念。所謂王道主要指的就是對百姓輕徭薄賦，盡可能實行儒家所宣導的仁政；所謂霸道則是大力整肅吏治，嚴格對官員的考察、任用和管理。如此一來，漢宣帝時期就形成了「寬以待民，嚴以律官」的帝國治理模式。

從上面的簡單梳理中可以看出，秦漢時期的意識形態，幾經調整：從秦朝的法家到漢初的道家，再到漢武帝時期的儒家，最後到漢宣帝時期的王霸雜用理念。不同的意識形態之所以要一次次地切換，並非完全出自不同皇帝的個人喜好，實乃是帝國形勢發展之所逼。隨着帝國的發展及疆域的不斷拓展，其治理任務日益繁重。在此種情形之下，任何單一的思想文化的治理模式都不足以承擔如此複雜的治理使命。帝國的治理實踐，需要多元的思想資源作為文化支撐，而先秦諸子百家的思想又恰恰為華夏民族提供了足夠多元、足夠博大精深的文化資源。二者相互配合，帝國制度才能最終成熟，並得以長久存在。

概括地說，秦漢時期的中國政治史，正是春秋戰國時期法家、道家、儒家等各種思想逐次落實到帝國政治實踐中的過程。先秦諸子百家的思想，既是春秋戰國時期社會轉型的文化產物，也為後來帝國制度的創建做好了文化上的頂層設計。經過從秦始皇到王莽

這兩百多年的長期摸索，我們可以說：先秦諸子的思想文化與帝國治理實踐之間的磨合基本完成，期間所付出的代價自是慘痛，其經驗與收穫亦是彌足珍貴。

在我看來，秦漢時期的中國，特別像一個十五六歲到二十五六歲的青年，精力旺盛，活力滿滿，對不確定的未來有着強烈的好奇心和探索慾，甚麼事情都想嘗試。經過反復嘗試，帝國制度終於一步步地成熟了起來。

既然我把秦漢中國比喻為帝國青春期，那麼沿着這個思路，不妨把秦漢之後的歷史也做一番比喻性的理解。那麼隋唐時期就是帝國壯年期。這個時期，帝國已經成熟，並有了海納百川的博大氣象。接下來，宋朝就是帝國中年期，這時期的帝國，經濟上更加富庶，文化上更加精緻，各項政治制度也比較健全了。不過，這時候帝國也呈現出了內斂的傾向 —— 往好的方面說是絢麗之後歸於平淡，往壞的方面說就是開始趨於保守。再接下來，短暫的元朝是帝國更年期，隨後的明清時期則是帝國晚年期。這個階段，雖然帝國的人口、財富等要素還在增長，但帝國的活力正日漸消退。放在整個帝國的漫長歷史中去考察，我們就會發現，清朝的康乾盛世似乎正是帝國制度的最後一次迴光返照 —— 在此之後，清朝恰好無可挽回地走向了

衰落和滅亡。最後，末代皇帝溥儀遜位，帝國制度徹底終結。

最後要說的是，本書最早於 2019 年 5 月由山東畫報出版社出版時，書名就叫《帝國青春期：從秦始皇到王莽》。現在，三聯書店（香港）有限公司即將出版這本書的繁體版，我非常高興。2020 年 3 月，三聯書店（香港）有限公司出版了我的《極簡中國史》，並改書名為《一本讀懂中國史》，如今再出版這部《一本讀懂秦漢中國》，兩者合在一起，也算是我奉獻給香港讀者的「讀史姊妹篇」吧！

鄭連根

2020 年 11 月 26 日

從秦始皇到王莽

秦始皇的情商

　　情商比智商更重要，這一點已經成為人們的共識。可是，作為中國第一個皇帝的秦始皇，他的情商卻是非常糟糕的。不信？請看如下事實：公元前219年，秦始皇南巡衡岳，在渡江時遇到了大風，差點沒過去。他問身邊的博士，負責這片轄區的神仙湘君是誰？博士告訴他，傳說是堯的女兒，舜的妻子娥皇、女英，她們死後葬在了這裏。秦始皇聽後就大發雷霆，命令三千名刑徒砍光了湘山上的樹，讓山上都露出了紅色的土壤。因遇風過江受阻就遷怒於「神仙」，還砍光湘山上的樹加以報復，這種做法充分暴露了秦始皇情緒極端不穩定、情商極差的特點。這種情商的人放在今天，他去機場坐飛機，若遇到飛機因霧霾而晚點，那你想他會做出怎樣極端的行為呢？這種性格極端的人放在今天也是社會不穩定因素。

情緒不穩定

　　仔細翻看《史記》的〈秦始皇本紀〉，我們還可發現秦始皇諸多情緒異常的舉動。比如，秦國吞併了趙國之後，他親自跑到了趙國都城邯鄲，到那裏幹甚麼呢？去復仇。「諸嘗與王生趙時母家有仇怨，皆坑

之。」原來，秦始皇的母親是趙國人，曾住在邯鄲，現在秦國把趙國吞併了，他就把當年跟母親家有仇的人統統活埋，以報仇解恨。報復仇人，這種心理很多人都會有，但秦始皇的這種做法顯然超出了正常的限度，就算人家當年跟你母親家有仇，可都已經這麼多年了，一般人早忘了。即便不忘，你也不至於把所有的仇人都活埋。仇恨記得太清楚，一記幾十年，且報仇的時候手段太狠，這並不能真正證明一個人的強大。恰恰相反，這暴露出此人內心的虛弱——他在表像上報了仇，可他的內心依然處於受傷的狀態。

與復仇相比，寬恕才意味着真正的強大。一個人在成長的過程中受到侮辱、不公，這是很多人都會遇到的情況。如果不能正確對待，始終耿耿於懷，那就說明這個人情商太低。即便你以後能成功復仇，但復仇本身正說明你曾經受傷的心靈仍在流血。韓信在落魄之際也受過「胯下之辱」，可等功成名就之後，他並沒有選擇復仇，而是「召辱己之少年令出胯下者以為楚中尉」，讓當年侮辱自己的那個人當了小軍官，以示感謝。韓信說這個少年「此壯士也」，若不是當年忍了他的「胯下之辱」，也就沒有了今天。事情就怕比較，拿韓信與秦始皇一比，我們立馬就能看出秦始皇情商低下。

曼德拉的做法更讓人感動。在成為南非總統之前，曼德拉曾是政治要犯，長期被關押在羅本島的監獄中。獄警對曼德拉並不友好，經常虐待他。可是，當曼德拉就任南非總統之際，他特意邀請當年看守他的三名獄警出席就職典禮。他說：「在走出囚室，經過通往自由的監獄大門的那一刻，我已經清楚，如果自己不能把悲傷和怨恨留在身後，那麼我其實仍在獄中。」這才是一個偉大政治家的高尚人格，這才是一個領導人該有的情商。與之相比，秦始皇情商太低了。

帝 皇 始 秦

秦始皇嬴政（公元前 259—前 210），
秦莊襄王之子、秦朝建立者。

不相信任何人

情商低的慣常表現就是情緒不穩定，喜怒無常，疑神疑鬼。如果說秦始皇「伐樹赭山」代表着他情緒極不穩定的話，那麼以下事實則可證明他疑神疑鬼到了何等地步。

秦始皇在咸陽周圍建了兩百七十多座宮觀，以複道、甬道相連，他想去哪裏就去哪裏，辦公地點不固定，休息場所也不固定，故意讓人不知道他在哪裏，也就是跟大夥兒玩神秘。有一次他在梁山宮看到丞相李斯出行的時候排場很大，心裏不高興了，認為丞相這麼做不好，說：「他雖然是丞相，但這麼講排場也太任性了！」現場有人捕捉到了他對丞相的不滿情緒，並告訴了丞相李斯。李斯聽說後立馬改正錯誤，減少了自己出行時跟隨的車騎。這本來是一件好事。可秦始皇仍然不高興了，怒曰：「此中人泄吾語！」就是說，你們這些跟隨我的人泄露了我的話。然後他就審查，要查出到底是誰泄露了機密。結果，沒人承認，案件結不了。如果按照正常的思維來處理，此事也許就不了了之了。可是，秦始皇把當時在他身邊的人全抓住，然後殺掉。

類似的事件還有一起。公元前 211 年，一個大隕石掉在了東郡（今河南東北部、山東西部），在地上

就變成了一塊石頭。可是，不知道甚麼人在石頭上刻了「始皇帝死而地分」幾個字。秦始皇知道後就遣御史追查此事，結果沒人承認這事是自己幹的。暴怒的秦始皇又採取了極端的做法，把住在這個石頭附近的人都給抓來殺了，還把那塊隕石也一同銷毀。這兩件事充分暴露了秦始皇暴虐的性格，他一發怒就完全失去了理智，絲毫不知道要控制一下自己的情緒，就連殺人都是寧可錯殺三千，也不可使一人漏網。

秦始皇不信任任何人，不信任丞相，不信任身邊人，甚至連自己的兒子也不信任。他坑殺儒生時，長子扶蘇勸諫他說：「儒生都讀孔子的書，學習孔子的為人。皇上你現在全靠法令來管束百姓，我怕這不是讓天下安定的長久之計。」按說，自己的兒子說一點不同看法，父子之間完全可以心平氣和地交流。可是，秦始皇不這樣，他又怒了。更關鍵的是，秦始皇一生氣，後果很嚴重，把扶蘇給派到上郡，做蒙恬的監軍。要知道，扶蘇是長子，是接班人，就因為說一句話惹秦始皇不高興了，便被打發到上郡。這一方面說明秦始皇對扶蘇不信任，另一方面也可看出，秦始皇實在太缺乏理智了。接班人一般都是放在皇帝身邊加以培養的，哪有讓他去邊疆做監軍，且與手握重兵的大將一塊共事的道理？秦始皇這次發怒做出了一

個極端錯誤的決定。試想，若大將蒙恬挾持了扶蘇搞政變，豈不麻煩？秦始皇死後，為甚麼趙高、李斯、胡亥等人秘不發喪？不就是怕扶蘇和蒙恬聯手發動反擊。一直到扶蘇自殺，蒙恬、蒙毅都被抓了起來，胡亥才敢給秦始皇發喪，自己繼承皇位。

秦始皇特別愛發怒，發怒之後還會做出過激的舉動，一發怒就把湘山上的樹全砍光，一發怒就把身邊的人都殺掉，一發怒就把長子扶蘇派到了偏遠的上郡。真有必要嗎？顯然沒必要。俗話說，衝動是魔鬼，發怒已然不太好了，在這種衝動情緒下所做出的決定，更談不上是英明。

成長經歷

那麼，秦始皇的情商為甚麼這麼低呢？這似乎可從他的成長經歷中得到心理學上的解釋。現代心理學認為，情商高低不是來自於遺傳，更多地來自於後天的養成，跟一個人幼年的成長環境和情感經歷關係極大。秦始皇幼年的成長經歷恰可為他的低情商提供了合理解釋。

秦始皇名嬴政，他母親名趙姬，年輕時是趙國的一個大美人，被大商人呂不韋看中。呂不韋刻意結交當時尚在趙國做人質的嬴異人，想將其包裝「上市」，

以便他回秦國當太子，繼承王位。嬴異人到呂不韋家喝酒，看中了趙姬。呂不韋遂將趙姬「轉贈」給嬴異人，一年後，嬴政出生，先姓趙。後嬴異人果然當上了秦王，他就是秦莊襄王。

在嬴異人當上秦王之前，還有一些歷史背景需要交代清楚。嬴政出生於公元前 259 年。就在他出生之前的一年，即公元前 260 年，秦趙之間持續三年的長平之戰結束，趙軍慘敗，四十萬降卒被秦軍坑殺，趙國不得不向秦國割地求饒。可是，趙國事後並沒有履行承諾。於是，秦國又出兵圍攻趙國的都城邯鄲。為了解救趙國的邯鄲，趙國的平原君向魏國的信陵君求救，信陵君和他手下的門客通過一系列斡旋，盜取了魏王的兵符，矯詔統兵救趙，解除邯鄲之圍。這就是歷史上有名的信陵君「竊符救趙」的故事。邯鄲之圍歷時三年，正是小嬴政剛出生到他三歲的這個階段。這個時候，他和母親趙姬就生活在邯鄲城中。秦軍出兵進攻邯鄲之際，趙國幾乎要殺掉嬴異人。關鍵時刻，呂不韋買通了關係，將嬴異人救出，送回了秦國，留在趙國的就只有趙姬和小嬴政。趙姬和小嬴政在邯鄲的日子過得提心吊膽，《史記》的〈呂不韋列傳〉記載說：「趙欲殺子楚妻子，子楚夫人趙豪家女也，得匿，以故母子竟得活。」子楚就是嬴異人，也

就是說，在嬴異人逃回秦國之後，趙國還想殺掉趙姬和小嬴政。這段充滿恐怖的藏匿、躲命的生活，想必給小嬴政造成了極大的心理陰影，讓他對趙國充滿了仇恨。所以，當秦國吞併趙國之後，他才親自到邯鄲來復仇，將當年與他母親家有仇的人統統活埋。

用現在的話說，小嬴政雖然有爸爸，但他很小的時候，他的身邊就只有母親趙姬。而且他還是人質的兒子，不得不四處藏匿、逃命。朝不保夕的恐懼感和孤獨感讓他從小就不相信任何人，讓他變得冷漠、殘酷。

後來，小嬴政回到了秦國。這時他又由人質的兒子變成了太子的兒子。兩種生活的反差實在是太大了。接受這麼巨大的反差，顯然超出了一個小孩的心理承受能力。當年，在趙國東躲西藏的日子對小嬴政的心靈是一種傷害。現在，秦國王宮裏錦衣玉食的生活對小嬴政來說也是一種傷害。因為兩種生活都不是一個孩子所應該過的正常生活，一個是過度驚嚇，一個是過度享樂；一種是過度小心，一種是過度任性。過度的驚嚇和小心讓他變得多疑，過度的享樂和任性又讓他變得傲慢和狂躁。這麼多負面的因素結合在一起，就造成了秦始皇疑神疑鬼、喜怒無常、殘忍暴虐的性格，也造成了他極低的情商。

母子關係

最致命的一擊可能還是來自他的母親趙姬。小嬴政十三歲當上秦王,幾年之後,嫪毐謀反事件爆發了。原來,當嬴異人當上秦王的時候,呂不韋也因幫助他登上王位而被封為相國。嬴異人死後,寡居的太后趙姬與老情人相國呂不韋舊情復燃,再次私通。這個時候,小嬴政年少,還沒有發現此事。小嬴政慢慢長大,呂不韋害怕自己與趙姬的私情暴露,就尋找了一個替身嫪毐,讓他假裝太監,進宮服侍太后趙姬。嫪毐很得趙姬歡心,被封為長信侯,還跟趙姬生了兩個孩子。嫪毐因得到太后趙姬的寵幸而權傾一時,有很多門客依附他,他變得不知道天高地厚。最後,有人向嬴政告發了嫪毐,說他非但不是太監,而且還與太后趙姬有不正當的男女關係。嬴政要「下吏治毐」,嫪毐很害怕,就「矯王御璽及太后璽以發縣卒及衛卒、官騎、戎翟君公、捨人,將欲攻蘄年宮為亂」。嬴政迅速平息了嫪毐的叛亂,滅了嫪毐三族,嫪毐的門客有的被殺掉,沒被殺掉的也被流放到了四川。受嫪毐事件牽連,太后趙姬和相國呂不韋也遭到了沉重的打擊。太后趙姬一度被「遷於雍」,她跟嫪毐生的兩個孩子也被嬴政殺掉了;呂不韋則從此失去了嬴政的信任,直到最後被逼自殺。

嫪毐謀反對嬴政的心理打擊十分巨大。嬴政從小就與母親趙姬生活在一起，母子之間度過了一段東躲西藏的艱苦歲月，那時他對母親肯定是十分信任的。可是，嫪毐謀反讓他知道：就連他最信任的母親都如此不堪，竟然長期與相國呂不韋私通，還與嫪毐生了兩個孩子！趙姬和呂不韋都是他生命中極親近的人，可正是這兩個人徹底摧毀了他心中的信任體系。於私而言，趙姬是他的母親，呂不韋是他的恩師，可這兩個人居然聯手欺騙他；於公而言，一個是太后，一個是相國，兩個位高權重的人竟然聯手導演一幕醜劇，且險些釀成政變。此時，嬴政只有二十一歲，還是現在大三男生的年齡。

　　從出生到成年，嬴政一次又一次地受到心理傷害，他的心理陰影面積也越來越大，最後終於摧垮了這個手握重權的青年。一個人受到的傷害越大，報復心就越重；一個人內心越是自卑，他就越要做出自大自傲的舉動。秦始皇也是如此，他統一六國後，覺得自己「德兼三皇，功過五帝」，功勞比歷史上的三皇五帝都大，遂稱「皇帝」。他還說：「朕為始皇帝，後世以計數，二世、三世至於萬世，傳之無窮。」在這種自大自狂的心理支配之下，他開疆闢土，大興土木，一次又一次地出巡，一次又一次地立碑頌德。他

還尋仙訪道，想讓自己長生不老。這些都是他自大自狂的表現，可這些自狂自大在很大程度上就源於他內心的焦慮，源於他過大的心理陰影面積。

作死的前奏

不妨再談談秦始皇的身體情況。《史記》的〈秦始皇本紀〉記載說：「秦王為人，蜂準，長目，摯鳥膺，豺聲，少恩而虎狼心。」郭沫若據此分析，認為秦始皇是個有先天生理缺陷的人，「蜂準」就是塌鼻子，「摯鳥膺」就是醫學上說的「雞胸脯」，「豺聲」表明他有氣管炎。綜合判斷，秦始皇可能是一個身體羸弱的軟骨症患者。明明自己的身體狀況不好，可秦始皇又偏偏勤政。每天他都要審閱一百二十斤的文書，不完成不休息，用史書上的話說就是「以衡石量書」、「朝夕不懈」、「莫敢怠荒」。我覺得，他這種勤政未必是一件多麼值得稱道的美德。相反，這恰是他大權獨攬後應得的一種自然報應。他既然不相信別人，那就只好事必躬親，自己拚命幹活了；他既然喜歡獨斷專行，喜歡給自己攬活，那別人也沒法替他 —— 別人想替，他也不同意。司馬遷評價秦始皇說：「秦王懷貪鄙之心，行自奮之智，不信功臣，不親士民，廢王道，立私權，禁文書而酷刑法，先詐力而後仁義，以暴虐

為天下始。」這段評價，非常到位。正因為他「懷貪鄙之心」，「不信功臣，不親士民」，所以才必須「行自奮之智」。明明身體狀況不佳，還不斷地加大自己的工作量，日夜操勞，這就是作死的節奏。果然，秦始皇駕崩時僅僅四十九歲。看來，他超低情商不但害了國家，也害了他自己。

「雙商堪憂」的秦二世

大秦帝國的建立，是秦王嬴政「奮六世之餘烈」，站在祖先的肩膀上才完成的大業。所謂「奮六世之餘烈」，要從秦孝公算起。戰國時期，秦孝公任用商鞅變法，秦國才變得強大，並走向了對外擴張的道路。秦孝公之後，秦國歷經秦惠文王、秦武王、秦昭襄王、秦孝文王、秦莊襄王，最後傳位到秦王嬴政。這樣算來，秦統一六國是經過七代國君、歷時一百三十多年才完成的。可是大秦帝國僅僅存在了十五年，至「二世而亡」。可以說，秦朝統一之漫長與其崩潰之迅速極不對稱。對於秦朝迅速崩潰的原因，大家一致的觀點都認為是秦朝的統治過於殘暴，激起了民眾的反抗，這當然是對的。可是，一個歷史結果之產生，往往不只一個原因，而是「多因一果」。秦朝迅速崩潰，

除了統治殘暴之外，我覺得人的因素也要考量。關於這一點，司馬遷就說：「秦朝的三代統治者秦始皇、秦二世及子嬰都不夠明智，犯有大錯，所以秦朝迅速崩潰也是應該的。」

我們不妨就從秦二世着手，看看他統治秦朝期間幹過哪些奇葩事，犯過多少低級錯誤。

秦二世做過的奇葩事

秦二世胡亥當上秦朝皇帝，其權力來源本身就不合法。公元前 210 年，秦始皇在第五次出巡的路上病死沙丘（今河北廣宗縣）。按當時政權交接的原則，秦始皇去世，繼承皇位的應該是長子扶蘇。秦始皇去世前也有遺詔給扶蘇說：「與喪會咸陽而葬。」意思是，讓扶蘇回到咸陽，主持喪禮，然後繼承皇位。可是，宦官趙高扣押了秦始皇的遺詔，並聯合丞相李斯發動政變。李斯「詐為受始皇詔丞相，立子胡亥為太子」，然後矯詔賜死長子扶蘇，並抓捕了可能反抗的將軍蒙恬等人。待完全控制了局面之後，趙高、李斯等人才發佈秦始皇去世的消息，讓胡亥繼承皇位，是為秦二世。

秦二世上台之後幹的第一件事是完成始皇陵墓的最後工程。嬴政自當上秦王之日起就着手修建自己的

驪山陵墓，修建三十七年，到死時尚未完工。這是一個窮奢極慾的大工程，「穿三泉，下銅而致椁，宮觀百官奇器珍怪徙臧滿之」，向地下挖到三層泉水以下，以銅水澆灌棺椁的縫隙。整個地宮幾乎就是將皇宮整個複製到了地下，裏面裝滿奇珍異寶。

陵墓裏放這麼多寶貝，不怕盜墓嗎？沒關係，秦朝可將最先進的防盜技術用於修建始皇陵墓，讓工匠製作了機械弩矢，有盜墓者接近就射殺。

把生前的宮殿複製到地宮似乎還不夠，秦始皇生前還管理過一個大大的帝國。那怎麼辦呢？就用水銀象徵全國的河流，包括長江和黃河，還使用機械讓水銀流動。然後，陵墓頂部繪有日月星辰，下面有山川河流。陵墓奢侈到這個地步，實在過分了。

更過分的還在後面，秦二世說：「先帝后宮沒有生孩子的女人，不宜放她們出宮。」然後，「皆令從死，死者甚眾」。這等於把這部分後宮女人都給殉葬了。秦始皇下葬之後，秦二世又說：「修建陵墓的工匠製造了機械，他們知道陵墓裏有眾多寶藏。陵墓裏這麼多的寶藏一旦被他們泄露出去，那可就壞大事了。」然後，「盡閉工匠臧者，無復出者」，把這些人也全部悶死在了陵墓裏。如果要評史上最黑包工頭的話，秦二世絕對夠格。這麼大的工程完工後，他不但不給工

秦始皇

趙高

秦二世

秦子嬰

從左至右：秦子嬰、秦二世、秦始皇、趙高。

錢，還把建築工匠給殺了，你說黑不黑？可見，秦二世完全繼承了父親嬴政的殘忍性格，甚至有過之而無不及。

秦二世是靠趙高耍陰謀才登上皇位的，他上台之後自然重用趙高。秦二世當上皇帝的時候只有二十一歲，他覺得自己剛剛即位，又年輕，怕百姓不服，就跟趙高說：「原來先帝用巡行郡縣的方法來展示皇權的強大，以便讓百姓懼怕、臣服。現在，如果我不繼續巡行，那就顯示出我的軟弱了，就不能讓天下人繼續臣服。」於是，他「東行郡縣」，也搞一次規模盛大的出巡，秀秀秦朝的「肌肉」，「至遼東而還」。在當時的條件下，皇帝出巡是一件勞民傷財的事，可是，秦二世為了「秀肌肉」，哪裏還記得儉樸是美德的古訓？

剪除宗室

如果說秦始皇的情商有問題的話，那麼秦二世便是「雙商堪憂」的皇帝了。這一點從他與趙高的一段對話中就暴露出來了。出巡之後，他回到咸陽，對趙高說：「人生在世如白駒過隙，是很短暫的。現在，我既然當上了皇帝，就要窮盡一切辦法享樂，也算沒白活一輩子，這樣可以嗎？」

趙高回答說：「您的想法正是賢能的君主要做的，而昏亂的君主所要禁止的。」他又說：「雖然理論上講賢能的君王是可以盡情享樂的，可是現在還不是時候呀。你是靠當初的沙丘之謀當上皇帝的，可是，諸公子和大臣對沙丘之謀已有所懷疑。這些公子都是你的兄長，大臣又都是先帝提拔任用的。現在，陛下剛剛坐上皇位，這些人心裏不服，恐怕他們會發動政變。我戰戰兢兢，小心翼翼，還怕不能善終呢，陛下你怎麼能放心享樂！」

　　秦二世說：「那該怎麼辦呢？」

　　趙高等的就是這句話，他回答說：「陛下可用嚴刑峻法治理國家，讓有罪的人相互連坐，藉此誅滅大臣和皇族宗室。然後，你讓六國遺民中的窮人變富，卑賤的人變得尊貴。把先帝時期的老臣全部除掉，然後選親信的人接替他們的位置。這樣一來，既消滅了對你有威脅的政治勢力，又能讓新起的達官貴人對您感恩戴德。幹完這些事之後，你就可盡情享樂了。對你來說，這就是最好的辦法。」秦二世居然認可了趙高的方案。

　　秦二世當上皇帝後一心想盡情享樂，為此不惜殘害兄弟，說明其三觀不正、情商極低；現在又聽信了趙高的讒言，認可了剪除宗室和老臣的施政方案，

說明其頭腦糊塗、智商不夠。兩項合在一起，不就是「雙商堪憂」嗎？

遇上「雙商堪憂」的秦二世，是秦朝的不幸。可這卻給了趙高這樣的邪惡之人以充分的作惡空間。趙高執行剪除宗室和老臣的計劃，一次就將秦二世的十二個兄弟「戮死咸陽市」，然後又將十個公主碾死在杜郵（今陝西咸陽東）。殺害這些公子和公主，趙高用的全是連坐之法，只要你跟他們有一絲瓜葛，就往你身上羅織罪名，疑罪從有，輕罪從重，重罪處死。

公子將閭等三人也是胡亥的兄弟，他們三個人比其他兄弟都沉穩，趙高即便用連坐的方法也找不出甚麼罪名來陷害，就先關在了宮內。等其他兄弟被殺後，秦二世派人逼他們自盡。

公子將閭不服，對使者說：「宮廷中的禮節，我們沒有任何過錯。朝廷規定的禮制，我們也沒有違背；聽命應對，我們更沒有說錯話，為甚麼說我們有反叛之罪，我們要知道因甚麼罪而被處死。」

使者回答說：「我也不知道你們為甚麼被定罪處死，我只是奉命行事而已。一句話，皇帝就是讓我監督你們自殺的，反正你們得自殺，一點商量沒有，也不用解釋理由。」

公子將閭乃仰天大呼天者三，曰：「蒼天呀，我

根本就一點罪都沒有，為甚麼非要讓我自殺呀？我冤枉呀！」

可是，叫天天不靈，呼地地不應。公子將閭三兄弟最後還是引劍自刎。此事發生之後，宗室震恐，這還了得？堂堂皇族宗室，一點罪都沒有，硬是被逼自殺了，連個理由都不給。這等於說，秦二世隨時都可以逼其他的宗室成員自殺。在這種情況下，宗室成員如何不震恐？

在秦二世的眾多兄弟中，死得名聲好一點的是公子高。他眼看着兄弟姐妹們一個接一個被逼害致死，知道自己也難逃厄運，於是決定自己請求為先帝殉葬。這樣主動去死，總比被治罪處死要體面些。他上書秦二世說：「先帝還活着的時候，對我非常好，皇帝自己享用的美食、服裝、好車、寶馬都賜給我。先帝對我這麼好，他去世了，我卻不能為他殉葬，這是為人子不孝，為人臣不忠。不孝不忠的人，還有甚麼臉面活在世上？」於是，他請求陪葬先帝，死後葬在驪山腳下。

看到公子高的上書後，秦二世異常高興（這再次說明他的情商和智商都不正常），批准了公子高的請求，並「賜十萬錢以葬」。

大興土木，濫用民力

秦二世當上皇帝後先埋葬秦始皇，接着清洗宗室。兩件大事幹完後，他又做出了一個錯誤決定：復建阿房宮。他說：「先帝因為咸陽城太小，不够大秦帝國的朝廷使用，所以才營建阿房宮。不料，還沒等工程完成，先帝就去世了。我們只好停建阿房宮，先為始皇修驪山陵墓。現在驪山陵墓的工程結束了，如果不繼續營建阿房宮，那等於宣告先帝建阿房宮的決策是錯誤的。」於是，「復作阿房宮」。

為了建造阿房宮，他徵調了五萬名將士護衛咸陽。建築阿房宮本來就需要大量的役卒，現在又加上一支五萬人的護衛部隊，這麼多張嘴都要吃飯，原來的儲備物資就不够用了。為了供給修建阿房宮的吃穿用度，秦二世下令讓各郡縣往咸陽運糧草，而且還有一個奇葩的規定：運送糧草的人必須自己帶乾糧，不得吃咸陽三百里以內的糧食。

秦朝自建立之日起就濫用民力，秦始皇修建阿房宮、驪山陵墓、靈渠、驛道等已經耗費了大量的財力和民力。秦二世若是明智之人，登基後就該改變秦始皇濫用民力的做法，與民休息，這樣或可緩解矛盾，延長秦朝的壽命。可惜的是，秦二世非但沒有及時做出政策調整，反而用更嚴酷的方法役使民力。

史學家錢穆在《國史大綱》中指出，秦之速亡，並不在於廢封建而創建郡縣制，而是統一天下以後，役使民力過多過急。如為修建阿房宮就勞役了七十萬人，戍守五嶺役使五十萬人，戍守長城役使三十萬人。加上墮城郭、決川防、夷險阻及築馳道的力役，恐經常得徵用二百萬人，這乃是驚人之數。民力安得不竭？由於政府動用如此龐大的勞動力，糧餉物資自亦相應增多。原來徵收十分之一的田租，可能增加到十分之五，甚至更多。完成統一大業的大秦帝國非但沒有給人民帶來真正的福祉，反而成了壓榨人民的機器。

　　帝王在統治天下的時候，一定要估計天下人的承受能力，剝削百姓時要有所節制，而不可為所欲為，無限度地盤剝百姓。秦二世「雙商堪憂」，根本就不明白這個淺顯的道理。結果，在他當上皇帝的那一年，陳勝、吳廣就在大澤鄉起義了。隨後，陳勝建立了張楚政權。那些平日不滿秦朝統治的各方勢力紛紛起來響應，秦朝一下子就開啟了「崩潰模式」。

　　在秦朝崩潰的過程中，秦二世再次暴露出了他「雙商堪憂」的弱點，加速了秦朝滅亡的速度。陳勝、吳廣起義之後，曾有信使把陳勝造反的消息告訴秦二世。因為他不喜歡聽壞消息，就把報告壞消息的信使

抓起來，交給法吏懲辦。信使們一看，就再也不敢把真相告訴秦二世了，剩下的選擇就是「報喜不報憂」。以後再有信使來，秦二世詢問情況，使者就回答說：「發現了一群盜賊，當地官員已經將他們統統抓捕歸案了，這點小事不值得你擔心。」如此一來，一場聲勢浩大的秦末農民起義竟被秦二世誤以為不過是幾起普通的社會治安案件而已，而且，盜賊還都被抓捕了。完全是大事化小，小事化了。可當時的實際情況是，各地的反秦勢力已成星火燎原之勢。

到了秦二世當上皇帝的第二年冬天，陳勝所派遣的數十萬大軍攻到了離咸陽不遠的戲地，統兵的將軍為周文。這時，秦二世才「大驚」。無奈之下，他才封章邯為將軍，赦免在驪山陵墓服役的幾十萬刑徒，臨時組編為軍隊，進攻周文的大軍。章邯擊敗了周文，率領秦軍猛追猛打，周文兵敗自刎。

秦二世開始將鎮壓起義軍當作一件大事來辦，派長史司馬欣、董翳協助章邯鎮壓起義軍。章邯不愧為名將，他率秦軍一路東進，「殺陳勝城父，破項梁定陶，滅魏咎臨濟」，一路取勝，最後北渡黃河，「擊趙王歇等於鉅鹿」。

大權旁落趙高之手

秦二世在緊急時刻任命章邯為將，率軍進攻起義軍，這恐怕是他當皇帝之後幹過的唯一正確的事。可惜的是，他隨後的作為再次為「雙商堪憂」做了註釋，並葬送了大秦帝國。

趙高得勢後，以私怨誅殺人眾多，害怕大臣入朝告他的狀，就跟秦二世說：「先帝管理天下的時間長，所以大臣們才不能為非作歹，在他面前說謊話。現在您年齡尚小，又剛剛當上皇帝，為甚麼還要跟公卿一塊到朝廷上去議論政事？你決策的事情一旦出現了錯誤，就等於把你的短處暴露給了群臣。再說，天子之所以尊貴，就在於大臣只聽說有天子而不易見到，如果群臣天天見到你，那他們就不尊重你了。」

天子不上朝，那朝廷大事如何決定呢？趙高給秦二世出的主意是：「陛下你還不如好好地待在宮中，就與我和幾個熟悉法律的侍中一塊研究政治，做出決策。這樣一來，大臣們也不敢上奏一些不靠譜的事，天下人還會稱頌你為聖主。」

秦二世一聽，趙高的辦法既省心又省力，還能得到聖主的好名聲，何樂而不為？就又一次聽信了趙高的忽悠，「乃不坐朝廷見大臣，常居禁中」。結果是大權旁落到了趙高的手裏。這也正是趙高忽悠秦二世所

要達到的目的。

就在秦二世躲在宮中不理朝政之時，「盜賊益多，而關中卒發東擊盜者毋已」。反秦起義軍越來越多，到了秦軍鎮壓都鎮壓不過來的地步。事情發展到如此嚴重的地步，右丞相馮去疾、左丞相李斯、將軍馮劫等人向秦二世進諫說：「關東的群盜越來越多，大秦發兵鎮壓，取得了很大成效，可是盜賊依然很多，不能全部剿滅。群盜之所以多，都是因為戍守邊關、運輸糧草以及修建大型工程太苦了，老百姓的賦稅也太重了。請您暫且停止阿房宮的建設，並減少徵調駐守邊關的戍卒人數。」

這是正確的建議，秦二世若是個明白人的話，理應接受這個建議，並重賞這三個人。若果真的如此，或許秦朝還有一縷起死回生的希望。

可是，秦二世聽了他們的建議後非常生氣，指出：「我聽韓非子說過，堯舜生活異常儉樸，採伐用作椽子的木頭，都沒有砍削就直接放在屋頂上，蓋在屋頂的茅草也不修剪，他們以粗糙的土陶碗吃飯、喝水，即便是守城門的士卒，飲食起居也不至於簡陋到這等地步。大禹鑿通龍門，疏通了黃河河道，使之順利入海，可他拿着築墻杵和鍬辛苦勞作，小腿上的汗毛都磨光了，勞動強度比奴隸還大。如果當天子都像

他們那樣，還有甚麼樂趣？怎麼值得效法？真正的天子就應該自己盡情享受，用嚴明的法律統馭臣下，使臣下不敢胡作非為。我現在雖然有天子的名號，但名不副實，我還要建造更好的車駕和房屋，以與皇帝之號相匹配。而且，先帝從諸侯起家，兼併了六國。現在天下已經平定，征討四方的夷狄之後，帝國的邊境也安全了。在這種情況下，建造宮殿以顯示我大秦的國威，也讓人們看看先帝建立的偉大功業，這有何不可？如今，我當上皇帝剛剛兩年，竟然出現了很多群盜，你們身為大臣，不能制止盜賊，竟然還要停止先帝建設的大工程，這首先就是對先帝的不敬，其次也沒有為我這個現任皇帝盡忠。你們還有甚麼臉面繼續坐在高位之上？」

秦二世很生氣，把提建議的他們都下獄了，要責罰他們。馮去疾、馮劫不受辱，自殺了。李斯仗着自己有辯才，有功勞，還抱有一線希望，遂慷慨赴獄。秦二世讓趙高負責審理李斯的案件，李斯在獄中還給秦二世上書，希望能感動秦二世，使其為自己平反。可他的上書直接就被趙高給截下了。最後，「斯卒囚，就五刑」。

清除了馮去疾、李斯、馮劫三位重臣之後，秦二世任命趙高為丞相。趙高從宦官變為丞相，「事無大小皆決焉」，實際上掌握了整個秦朝的大權。

趙高都已經當上丞相了，仍然不滿足，還想發動政變，但又怕群臣不服，就導演了一齣歷史上有名的荒誕劇：「指鹿為馬」。

公元前 207 年，即秦二世三年，在一次朝會上，趙高將一隻鹿獻給秦二世，說這是一匹馬。秦二世笑了，說：「丞相真會開玩笑，這明明是鹿，你怎麼說是馬呢？」

趙高說：「這就是馬呀！」

秦二世仍不信，遂問在場的大臣。大臣因為害怕趙高的權勢，很多人都附和說是馬，也有的人說是鹿。趙高以此事為依據將大臣劃分成不同派別，把那些說鹿的人找藉口殺死，說馬的人則被當成自己人。

此事之後，大家都害怕趙高。

秦二世眼睜睜地看着趙高指鹿為馬，並且還繼續重用趙高，可見其智商和情商低到了何等地步！

秦二世之死

一個王朝，其發展過程一般可概括為正劇、喜劇、荒誕劇、悲劇。對大秦而言，統一六國之前的部分大體算正劇，秦始皇統一六國算喜劇，到了秦二世時期就進入了荒誕劇階段，趙高指鹿為馬算是荒誕劇的高潮。荒誕劇之後，接下來就是悲劇部分了。

公元前 207 年，秦將章邯率軍圍攻巨鹿，項羽帶兵解救被圍困在巨鹿的趙軍。雙方展開大戰，項羽破釜沉舟，一舉擊敗了秦軍，解了巨鹿之圍。章邯不得不引兵退卻。

秦二世聽說章邯打了敗仗，就派人指責章邯。章邯非常恐懼，就想派長史司馬欣去向秦二世解釋。司馬欣到了咸陽之後，趙高不見，不再信任司馬欣了。司馬欣也恐懼了，趕緊逃回軍中，而趙高果然派人追捕司馬欣，幸好沒追上。經過這件事之後，司馬欣就跟章邯說：「現在朝廷的事情都是趙高說了算，其他人無能為力了。如今，我們在戰場上能取得勝利，趙高會嫉妒我們的功勞，如果不能取勝，我們也會當替罪羊被處死，希望將軍好好考慮一下出路吧。」

這等情形之下，章邯很鬱悶。他想戰，可打不過項羽；想撤，又怕秦二世治罪，為了避免被殺，最後乾脆率兵投降了項羽。

趙高以前多次跟秦二世說，關東的群盜是小事，不值得他擔憂。待項羽在巨鹿打敗秦軍主力，劉邦也帶數萬大軍攻到武關（今陝西丹鳳縣東）時，趙高恐懼了。他害怕秦二世生氣之後會誅殺自己，就故意稱病不見秦二世。

秦二世派人譴責趙高，說：「你不是說關東群盜沒

事嗎？可現在的亂子弄得多大呀！」

趙高更加恐懼不安。為了防止被秦二世誅殺，他決定先發制人，就暗中與他的女婿咸陽縣令閻樂及弟弟趙成商量，說：「皇上不聽勸諫，如今事態危急，他想把罪責推給咱們家族身上。我想另立天子，改立子嬰。子嬰仁愛謙下，百姓都樂意聽他的話。」

計劃設計好之後，趙高就讓郎中令做內應，謊稱有大盜，命令閻樂召集官吏發兵追捕。閻樂帶領官兵一千多人追到望夷宮殿前，捆綁衛令僕射，喝問：「盜賊從這裏進去了，為甚麼不阻止？」

衛令說：「皇宮周圍警衛哨所都有衛兵防守，十分嚴密，盜賊怎麼敢入宮？」

閻樂斬了衛令，帶兵衝進了皇宮，一邊衝一邊射箭。皇宮裏的宦官大為吃驚，有的逃跑，有的抵抗，抵抗的都被殺死。

郎中令和閻樂一同衝進宮中，用箭射中了秦二世的帷帳。

秦二世召喚左右的人，左右的人都慌了手腳，旁邊只有一個宦官服侍着他。秦二世對這個宦官說：「你怎麼不早告訴我，竟然讓事情發展到這等地步！」

這個宦者說：「我甚麼都不敢說，才得以保住性命，如果敢說，我早就被你殺了，怎麼還能活到

今天？」

　　閻樂上前歷數秦二世的罪過：「你驕橫放縱、肆意誅殺，不講道理，天下的人都背叛了你，你自殺吧。」

　　秦二世請求見趙高，被拒；又提出要當郡王，被拒；再提出當個萬戶侯，被拒；最後說只當普通百姓，留個活命就行，仍被拒。

　　閻樂跟他說：「我奉丞相之命，替天下人來誅殺你，你即使說了再多的話，我也不會答應你的。」

　　秦二世無奈，只得自殺。

　　針對秦二世的種種作為，《史記》有一段評論說：「始皇既歿，胡亥極愚，驪山未畢，復作阿房，以遂前策。云『凡所為貴有天下者，肆意極欲，大臣至欲罷先君所為』。誅斯、去疾，任用趙高，痛哉言乎。人頭畜鳴。不威不伐惡，不篤不虛亡，距之不得留，殘虐以促期，雖居形便之國，猶不得存。」這段話非常精闢，意思是秦始皇死後，秦二世胡亥非常愚蠢，驪山陵墓還沒徹底建完，又接着建造阿房宮，還說是繼承先帝的做法，並認為「作為富有天下的皇帝，就應該窮奢極欲地享樂」。他以大臣要結束先帝的既定政策為理由誅殺李斯、馮去疾等人，而重用趙高，這些事做得多麼愚蠢。古人說，白白地長了人頭，卻不能分辨善惡，說出的話就跟禽獸的鳴叫一樣。這話不

就是說秦二世這樣的人嗎？這樣的人沒有權威就不能為所欲為，作惡不深重也不會滅亡。不作死不會死，他就是非要作死不可 —— 他的殘暴無道正好是為了加速自己的滅亡。這樣的國君，即便佔據地形再好的國都，也一定會滅亡。《史記》這段話算是對秦二世「雙商堪憂」的一個絕佳註解。

殺掉秦二世之後，趙高想立秦二世哥哥的兒子子嬰為秦王。理由是，秦始皇統一六國之後才稱皇帝，現在六國紛紛自立，秦朝控制的地盤越來越小了，不宜再稱「帝」了，還是稱「王」為宜。

子嬰與兒子謀劃，說：「趙高殺掉了秦二世，害怕群臣誅殺他，所以才假裝立我為秦王。他讓我齋戒，然後去宗廟接受王璽，那是想在宗廟裏殺掉我。我稱病不去，他一定會來見我，等他來請我時，我們就埋伏士兵將其殺掉。」

趙高果然中計，被子嬰誅殺於齋宮。

子嬰當上秦王四十六天之後，劉邦帶兵攻破了武關，駐軍霸上（今西安市東南），派人約降子嬰。子嬰一看大勢已去，遂受降。

至此，「雙商堪憂」的秦二世被趙高殺掉，趙高又被子嬰殺掉，秦王子嬰又投降了劉邦，大秦帝國徹底落幕。

乍興乍亡話陳勝

夢想幾乎人人都有，只不過有高下之分而已。乞丐的夢想是吃飽飯，富商的夢想是讓公司上市，可見，夢想的高下有時正是現實的折射。不過也有些不一樣的人，他們在低賤時也做富貴夢，於人生低谷中仍然仰望星空。領導秦末農民起義的陳勝就是這樣的人。

鴻鵠之志

陳勝是陽城（今河南登封東南）人，年輕時受僱為人耕地，「輟耕之壟上」，給老闆幹活幹累了，就偷一會兒懶，這是一般人的正常反應，還不要緊。關鍵是陳勝還「悵恨久之」，心裏憤憤不平，「憑甚麼我就得幹這麼累的活兒才賺這麼點錢，而僱用我們的老闆不怎麼幹活反而賺得那麼多」？這就有點「羨慕嫉妒恨」的意味了。

接下來，陳勝跟一同耕地的小夥伴說：「我們可是一塊吃過苦的好哥們，日後我若富貴了，不會忘了大家的。」小夥伴說：「你跟我們一樣，都是受僱給別人耕地的窮小子，也不是富二代，怎麼會富貴呢？」

陳勝的回答不同凡響，說：「哎呀，燕子和麻雀怎

麼能知道鴻鵠的遠大志向呢？」意思是，你這小子太沒出息了，窮小子怎麼就不能做富貴夢？這個世界不只有眼前的苟且，還有詩和遠方。所以，夢想還是要有的，萬一實現了呢？

公元前 209 年，秦朝從陽城徵調九百名普通百姓去戍守漁陽（今北京密雲西南），陳勝是這支隊伍的屯長。屯長這個職務最多相當於連長，離陳勝的鴻鵠之志當然相差甚遠，可機遇就在此時突然降臨了。當這批戍卒到達大澤鄉（今安徽宿縣東南）的時候，遇上大雨，道路不通了。等雨停路通之後一算，完了，不能按時趕到漁陽了。按照秦朝法律的規定，只要不能按時抵達戍守之地，一律都斬首，一夥兒人眼看就要一命嗚呼了。

在生死存亡的危急關頭下，陳勝毅然決定起義。他跟另一位屯長吳廣商議，「反正我們怎麼着都要死，與其等死，還不如奮力一搏，拉杆子起義算了」。

陳勝接着對時局進行了分析，說：「老百姓對秦朝的苛捐賦稅、募役刑罰已經到了難以忍受的程度。聽說二世皇帝胡亥是秦始皇的小兒子，本不應繼位，該繼位的是長子扶蘇。扶蘇賢能，卻被二世無故殺害了。還有一位名人叫項燕，曾是楚國名將，戰功卓著，又愛護士兵，很受人愛戴。現在老百姓並不知這

兩個人到底是生是死，我們何不以他們的名義號召天下人起來反抗秦朝的暴政呢？」

吳廣支持陳勝的決定，兩人開始策劃起義。起義方案分為三步。

第一步，搞造神運動，樹立陳勝的光輝形象。他們用朱砂在一塊綢子上寫了「陳勝王」三個字，塞到漁民捕來的魚肚子裏。戍卒買魚回來，發現了魚腹中的「丹書」，甚為震驚。與此同時，陳勝又讓吳廣潛伏到營地附近一座荒廟裏，半夜裏點燃篝火，模仿狐狸聲音，大喊「大楚興，陳勝王」！睡夢中的戍卒被驚醒，十分驚恐。第二天戍卒們交頭接耳，都指指點點地看着陳勝，越看越覺得陳勝不是凡人。

第二步，製造摩擦，為起義尋找導火索。吳廣趁兩個押送戍卒的官兵喝醉之際，故意揚言逃跑，激怒二人。兩個官兵果然中計，鞭打吳廣，陳勝也隨即上場幫忙，殺了另一個官兵。釀成命案之後，衝突驟然升級，起義的導火索被點燃了。

第三步，戰前動員。殺了兩名押送戍卒的官兵之後，陳勝召集戍卒發表演說。他說：「我們在這裏遇上了大雨，已不能按時抵達漁陽了，誤了期限大家都要被殺頭。退一步說，即便僥幸不被砍頭，戍守邊塞十分之六七的人也要送命。好漢不死便罷，要死也得取

得大名聲啊!『王侯將相寧有種乎!』那些王侯將相難道都是天生的貴種嗎?」

陳勝的動員演說很成功,戍卒們本就對秦朝的暴政不滿,這時都說:「我們願聽從你的號令!」

於是,大夥兒在陳勝、吳廣的帶領下,以袒露右臂作為標誌,築壇盟誓,詐以公子扶蘇、楚將項燕之名,宣佈起義。陳勝自立為將軍,吳廣為都尉,一舉攻下大澤鄉,接着又迅速攻下了蘄縣(今安徽宿州)。中國歷史上第一次大規模的農民起義就這樣爆發了。

稱王自立

陳勝「天下苦秦久矣」的判斷一點都沒錯。正因為秦朝平日對百姓剝削得太殘酷了,所以當陳勝在大澤鄉發出「王侯將相寧有種乎」的呼喊之後,百姓紛紛加入反秦的起義隊伍中。當陳勝攻到陳(今河南淮陽)時,起義軍已有「車六七百乘,騎千餘,卒數萬人」。

起義軍很快攻陷了陳,陳勝自己「乃立為王,號為張楚」。至此,陳勝的鴻鵠之志也算是實現了。

可是,也正是在「稱王」一事上,陳勝目光短淺的致命弱點充分暴露了出來。在稱王之前,張耳、陳餘曾勸陳勝先不要稱王,他們認為,「秦為無道,滅人

社稷，暴虐百姓。將軍出萬死之計，為天下除殘也。今始至陳而王之，示天下私。願將軍毋王，急引兵而西，遣人立六國後，自為樹黨，為秦益敵。敵多則力分，與眾則兵強。如此，則野無交兵，縣無守城，誅暴秦，據咸陽，以令諸侯。諸侯亡而得立，以德服之，如此則帝業成矣！今獨王陳，恐天下懈也」。

應該說，張耳、陳餘的建議在當時是可行的。可惜，陳勝沒聽人家的正確建議，馬上就自立為王了。

陳勝為甚麼沒聽張耳、陳餘的建議？我的理解是，這跟陳勝的鴻鵠之志有關。陳勝的鴻鵠之志到底是甚麼呢？根據他與窮夥伴對話的上下文推測，陳勝的鴻鵠之志其實就是富貴，跟現在很多人的夢想一樣，是上富豪榜。有了錢，再也不給別人耕地了，便是自己的地，也要僱別人來耕。這樣的夢想，對於受僱為人耕地的陳勝來說已經算是鴻鵠之志了（與他一塊耕地的小夥伴連富貴的夢都不敢做）。他當時根本不可能想要推翻暴秦，自己建立的帝王之業。窮小子敢於做富豪夢已經不錯了，哪裏還能苛責他必須要做帝王夢呢？

可以說，陳勝雖自稱有鴻鵠之志，可他的鴻鵠之志與其領導起義推翻暴秦的偉大事業還是不匹配的。陳勝領導的秦末農民起義，帶有一定的偶發性，在某

種程度上可以說是被逼出來的。若不是在大澤鄉「會雨失期」，可能他也就不領導大家起義了；若不是秦朝的法律太嚴酷，「失期皆斬」，陳勝可能也不會領導起義。對陳勝而言，他本來的人生志向只是個人富貴，可陰差陽錯之中，他當上了農民起義的領袖，歷史將其推到了反抗暴秦的最前沿，這是他萬萬沒想到的。

陳勝更沒想到的是，自己振臂一呼竟有這麼多的人來響應，起義軍迅速壯大，並迅速攻下了不小的一塊地盤。富貴來得太突然了，勝利來得太容易了，快得讓陳勝在思想上沒有絲毫準備。原來還是一個小小的戍卒屯長，突然之間就變成了起義軍領袖，並有了不小的土地和可觀的軍事實力。面對這些，陳勝很可能一下子就懵了。窮人乍富容易變得跋扈囂張，遑論陳勝一下子擁有了千軍萬馬和唾手可得的「陳王」稱號？陳勝拒絕不了現成的富貴，所以，他聽不進張耳、陳餘「緩稱王」的正確建議。在長遠的帝業和眼前的富貴之間，陳勝選擇了眼前的富貴。後世諸多農民起義，一般急於建都稱王的都會快速失敗，而肯於「緩稱王」的則會走得較遠，有的還能奪得天下。比如，朱元璋就因為聽從了「廣積糧，緩稱王」的建議而坐上了皇帝的寶座。

陳勝急於稱王的做法起到了一個壞的示範效應。

道理很簡單，陳勝急於稱王，確實是「示天下私」。既然首先舉起反秦大旗的他都有私心，那其餘的反秦將領各懷小算盤也就不足為奇了。隨着反秦起義軍的不斷發展，陳勝派往各地的將領也有樣學樣，爭相稱王。比如，北征的武臣自立為趙王，韓廣在攻略燕地後也自立為燕王，攻取魏國舊地的周市雖未自立為王，卻立了魏國皇室寧陵君魏咎為王，而自任魏相。這幾股起義軍後來都蛻變成了割據勢力，他們的心思主要用於自保，而非全力反秦。如此一來，陳勝實際上失去了對各地起義軍的有效指揮。各路反秦起義軍若有效地整合起來，那是一個極大的力量，是可以推翻秦朝的；可是，若各路起義軍各打小算盤，各玩各的，那他們就很容易被秦軍各個擊破。陳勝急於稱王的舉措，等於斷送了有效整合起義軍的良機。這可以說是陳勝在戰略上的一個絕大失誤，陳勝最後被殺也與這一點有關。

兵敗被殺

稱王之後，陳勝任命吳廣為假王（副王），率領起義軍主力西擊滎陽，取道函谷關，直搗秦都咸陽。同時命令宋留領兵定南陽，入武關，進而迂迴攻關中。隨後他又任命武臣、鄧宗、周市、召平等為將

軍，分別北渡黃河，進攻原來的趙國地區（今山西北部、河北西南部），向南攻取九江郡，深入淮南地區。

可惜，吳廣久攻滎陽不下，大軍西進受阻。陳勝另派周文率兵西進擊秦，打算利用吳廣牽制秦軍主力的時機，繞過滎陽，直取函谷關。周文大軍開始還算順利，一路打到離秦都咸陽僅百餘里的戲地（今山西臨潼境內）。

可是戰局隨即發生了逆轉。秦二世得知起義軍逼近咸陽後，封章邯為將軍，赦免在驪山陵服役的幾十萬刑徒，臨時組編為軍隊，進攻周文的大軍。周文率領的起義軍戰敗，被逼退出關中。章邯率領秦軍猛追猛打，周文兵敗自刎。

章邯率軍繼續東進，圍攻滎陽的起義軍。此時，起義軍腹背受敵，又發生了內訌，起義軍將領田臧與吳廣意見不合，認為「今假王驕，不知兵權，不可與計」，竟假借陳勝之名殺了吳廣。吳廣被殺之後，這支西進的起義軍全軍覆滅。

戰局不利的同時，起義軍內部各種致命的弱點也都暴露了出來。陳勝稱王後，富貴的夢想實現了，人也開始變得傲慢跋扈。當年他跟窮夥伴說「苟富貴，無相忘」，果然，當年的一個窮故人前來拜見了。開始，陳勝還算客氣。不料，這故人竟跟大家說起了陳

勝當年困頓時的種種糗事。此人也有問題，人家陳勝現在都當上陳王了，他還說這些陳芝麻爛穀子的事。果然，有人就跟陳勝說：「你當年的這個故人太無知，亂說你的壞話，留着他會降低你的威望。」

陳勝一聽，這還了得？他的威望是費了好大勁兒才建立起來的，豈能允許他人隨意污損？這個故人既然到處亂說，那就讓他閉嘴好了，就把這個多嘴的故人給殺了。這件事陳勝做得很不對，不但辜負了當初「苟富貴，無相忘」的諾言，而且充分暴露了他胸襟狹隘的弱點。他是反秦義軍的領袖，要有海納百川的胸懷，要廣攬天下豪傑才能共同完成推翻秦朝的大業，他連一個有點多嘴的故人都容不下，誰還肯死心塌地跟着他玩命？此事發生之後，當年的故人都離開了，沒有人願意親近陳勝了。

自古以來成大業者，不只要有鴻鵠之志，還要有博大的容人之量。若無容人之量，小肚雞腸，睚眥必報，那是很難成就大事業的。拿另外兩個歷史人物一比較就能很容易地看出陳勝之失策。三國時期，劉備曾經被呂布打敗，投奔曹操。曹操讓劉備做豫州牧。有人對曹操說：「劉備有英雄志向，如果不趁早殺了他，他將來會跟你爭奪天下，是個後患。」曹操就此事向謀士郭嘉徵求意見。郭嘉回答說：「劉備日後確實

會成為後患。但是，你興義軍，要為民除暴，就必須誠心誠意地招攬天下俊傑。現在，劉備有英雄之名，在困頓時來投奔你，你若把他殺了，就會落下謀害英雄的壞名聲。如此一來，天下豪傑又怎麼願意歸順你呢？失去了天下俊傑的支持，你又靠誰的幫助去平定天下呢？為了除掉一個心腹之患而令天下豪傑失望，這樣的事你不可不察呀。」經郭嘉勸說，曹操打消了殺掉劉備的念頭。

後來劉備坐大，進兵西蜀，圍攻成都。當時的名士、蜀郡太守許靖便想背叛劉璋逃跑，可是因為走漏風聲被抓住了。劉璋因為危亡在即，也沒顧得上殺掉許靖。後來劉備佔領了蜀郡。劉備因為許靖曾有叛主之舉，遂看不起他，不予任用。劉備的謀士法正說，「天下有空得虛名而沒有真本事的人，許靖就是一個。現在你剛剛創建大業，不可能一一對天下人說明不任用許靖的原因，可是許靖的虛名卻遠播天下。你若對他不予任用，可能會給天下人造成不良印象，使他們認為你輕賤賢者。所以你還是應該禮遇許靖，以此顯示你尊重賢者的美德」。劉備接受了法正的建議，任用許靖為左將軍長史（劉備在東漢名義下的正式職銜是左將軍，左將軍長史即是劉備的秘書長）。

曹操和劉備都是在亂世中成就大業的人物，他們

二人雖然是對手，但彼此的行事邏輯何其相似！從本心上來講，曹操當年也想殺了劉備，以除後患，可是由於害怕「除一人之患以沮四海之望」，所以曹操就放過了劉備。劉備對待許靖也一樣，他從心底看不起有叛主之舉的許靖。可是，因為許靖是當時的名士，有賢者之名，為了給世人留下一個禮遇賢者的好名聲，以便招攬更多的賢者，劉備還是厚遇許靖。從消極的層面上看，兩個人都善於掩蓋自己的真實想法，並通過偽裝來建立自己的美好名聲。若從積極的層面上看，曹操和劉備都不是「感情用事」的人，他們能客觀分析形勢，聽從正確的建議，能包容甚至厚待自己看着不順眼的人，而非一意孤行，把不順從自己心意的人全部殺掉。反觀陳勝，他根本就沒有曹操和劉備那樣的容人之量，結果因殺掉了一個「妄言」的故人，導致了眾叛親離，明顯得不償失。

正直的人都不願意親近陳勝之後，陳勝就任用小人。他任命朱房做中正，胡武做司過，專門督察群臣的過失。二人「以苛察為忠」，以苛刻地尋找別人的過失向陳王表忠心。凡是朱房、胡武不喜歡的人，他們不需要經過正式審判就自行懲治。陳勝重用這麼兩個人，眾將領就越發不肯親近、依附陳勝了。

章邯在滎陽一帶擊敗起義軍後，立刻全力東進，

直搗陳勝稱王的陳地。公元前 208 年，陳勝親率部隊與章邯率領的秦軍展開大戰，結果戰敗，退至城父（今安徽亳州東南城交集）。就在這裏，車夫莊賈暗殺了陳勝，提着他的首級投降了秦軍。兵敗後被自己的車夫殺害，陳勝之死也着實讓人唏噓不已。陳勝死後，他的老部下呂臣又帶兵攻下了陳地，殺掉了莊賈，算是為陳勝報了仇。

在秦漢交替之際，陳勝是無論如何都不能忽略的人物 —— 正是他領導的大澤鄉起義揭開了反秦的序幕，他喊出「王侯將相寧有種乎」的口號也道出了各路反秦豪傑的共同心聲。司馬遷寫《史記》，將陳勝放在「世家」中，以超高的規格來為他立傳，他所看重的恰是陳勝對歷史的重大影響，「陳勝雖已死，其所置遣侯王將相竟亡秦，由涉首事也」。用流行的話說就是，雖然陳勝死了，但他的後繼者最終推翻了秦朝，因此陳勝第一個舉起起義大旗的功勞是不可磨滅的。

陳勝的功勞不可磨滅，其失敗的原因亦值得探究。陳勝從謀劃起義，到稱王立國，再到兵敗被害，歷時不到半年，誠可謂「其興也勃焉，其亡也忽焉」。對於陳勝本人，司馬遷除了寫他巨大的歷史影響外，也如實地寫出了他身上的種種弱點，比如急功近利、心胸狹隘等。賈誼在〈過秦論〉中說：「陳涉甕牖繩

樞之子，氓隸之人，而遷徙之徒也。才能不及中人，非有仲尼、墨翟之賢，陶朱、猗頓之富。」這個評價是正確的，陳勝確實既無高貴的出身，又無出奇的才華。他的突然崛起，在於順應了天下人不滿秦朝暴虐統治的大勢。其崛起之後又迅速失敗，則源於他重大的決策失誤及自身的種種致命弱點。

歷史大勢有時會借着一個普通人的義憤之舉來完成，這個普通人也會因此成為弄潮兒，驟然崛起。可是，既能把握得住驟然而至的機遇，又能在驟然而至的大富貴面前保持清醒，這可就不是一個普通人所能做到的了。陳勝把握住了歷史機遇，所以他能驟然崛起；可他不能在大富貴面前保持清醒，被突然而至的勝利沖昏了頭腦，所以他驟然崛起後又驟然失敗。陳勝在乍興乍亡之間，着實隱藏着個人命運與歷史大勢之間那份微妙和奇特的互動關係。

項羽的巔峰與末路

大名鼎鼎的項羽只活了三十歲。

他人生的巔峰與末路均是在戰場上完成的，巔峰是巨鹿之戰，末路是垓下被圍。他的巔峰之戰消滅了秦軍主力，決定了秦朝滅亡的命運；他的末路之戰，

成了劉邦建漢的基石。說清楚項羽從巔峰到末路的形勢轉換，我們也就明白了從秦崩到漢立的大體過程。

巨鹿之戰與垓下之戰僅僅相距五年。短短的五年間，項羽的人生就從巔峰走到了末路。項羽的命運為何逆轉得如此快速？他的戰場輝煌和人生悲劇之間又有着怎樣的隱秘關係？項羽到底犯了哪些致命的錯誤？

這些還得慢慢說起。

項氏起兵

項羽，名籍，字羽，下相人（今江蘇宿遷）。項羽的祖上是楚國貴族，因帶兵打仗立功，被封到項地（今河南項城一帶），遂取封地為氏名。河南項城本是楚國領土，戰國中後期以來，楚國受到秦國東進的壓迫，節節敗退，項氏一族也隨之東遷到了泗水東岸的下相縣，也就是現在的江蘇宿遷一帶。

項羽的祖父項燕，是楚國名將。公元前 225 年，項燕統領楚軍，打敗了入侵的秦軍。次年，秦國舉全國之力攻楚，秦將王剪將項燕圍困於泗水郡蘄縣。項燕戰敗自殺，楚國也由此亡國。祖父項燕戰敗自殺時，項羽只有九歲，他是由叔父項梁撫養長大的。

項羽小時候顯然不屬學霸類型的孩子，他「學書

項羽（公元前 232—前 202），下相（今江蘇宿遷）人，秦末起義軍領袖，自立為西楚霸王，後在楚漢之爭敗於劉邦，於烏江自刎。

不成，去學劍，又不成」。叔父項梁「怒之」，感覺這侄子學甚麼都不安心，很像熊孩子。

面對叔父的憤怒，項羽解釋說：「學書學到能記姓名就可以了；劍術學得再好也只能與一人決鬥。這兩樣都不值得我學，我要學就學能匹敵萬人的本事。」

項梁一聽，這小子口氣還不小，好，那就教你一項能敵萬人的本領 —— 教他學兵法。項羽「大喜，略知其意，又不肯竟學」。他對學兵法確實有興趣，很願意學，可是也只學了「大意」，沒有完成全部學業。

項羽學習兵法的經歷很值得關注。項羽後來之所以能成為一流的軍事家，我覺得與他這段經歷有關。其一，他對學兵法「大喜」，說明他天生對軍事感興趣，有悟性，這是他能成為頂尖名將的決定性因素；其二，他學兵法到「略知大意」，就「不肯竟學」了，這是為甚麼？是項羽太懶還是兵法太難？我看都不像。項羽後來在戰場上的表現足以證明他是一流的軍事家，他指揮過的不少戰役都可當作兵法上的經典戰例。這樣的軍事天才，需要把兵法教科書全部學完嗎？顯然不需要。他只要掌握了兵法的核心理論和基本原則，就可以在實踐中靈活應用。相反，如果一定讓天才人物像常人一樣按部就班地積攢够了學分，完成論文答辯，拿到學位，那天才也可能會被程式化的教育搞成庸才，「泯然眾人矣」。

　　我讀史至此，曾有一種想法湧上心頭：幸好項梁沒有逼着項羽把兵法的所有課程全部學完。如果項羽也像現在很多孩子一樣，被家長逼着去學習，那他學兵法估計也得學成趙括──紙上談兵有一套，寫個軍事學的論文估計也沒大問題，可是真正在戰場上帶兵打仗就不行了。

　　學習分兩種，一種人能通過學習激活自己的生命潛能，這樣的人能舉一反三，乃至「聞一而知十」，

善於活學活用，越學越通透；另一種人學東西不開竅，所學的知識僅能對付考卷和論文，跟自己實際的生命成長和生活實踐不發生半毛錢的關係。後一種學習就是死學——學習的時候體會不到快樂，學到的知識也變成了死知識。項羽學兵法，雖然沒有學完全部課程，但他生命中蟄伏着的軍事潛能已然被激活了。

隨着年齡增長，項羽顯示出了一代名將的異人稟賦。他身高八尺有餘，「力能扛鼎，才氣過人」，即使是吳中地區的遊俠都懼怕他。更關鍵的是，他志向遠大。秦始皇第五次出巡，進入會稽郡經過吳縣（今江蘇蘇州城區）時，項梁帶着項羽一塊觀看。見到秦始皇盛大的出巡排場，項羽脫口而出說：「彼可取而代也！」

聽他這麼說，叔父項梁急忙捂住他的嘴，說：「不要胡說，說這話是要滿門抄斬的！」項梁嘴上這麼說，心裏也覺得侄子是個奇人。此時，正是項氏江東起兵反秦的前一年。

公元前 209 年，陳勝、吳廣在大澤鄉起義，項梁指使項羽斬殺了會稽郡郡守殷通，宣佈起兵反秦。斬殺殷通後，項梁做會稽郡守，項羽為副將，召集八千精兵，去攻城略地。這八千精兵都來自會稽郡，史稱江東子弟兵，後來成為項羽大軍中的核心力量。這一

年，項羽二十四歲。

項梁、項羽叔侄率領八千精兵，先鞏固會稽郡的根據地，然後北上，合併了陳嬰的起義軍，佔領了東海郡。活動在東海郡一帶的反秦武裝紛紛投靠項梁，比如英布、柴武等。後來在歷史上大名鼎鼎的韓信、范增、鍾離昧等人也在此時加入了項氏隊伍。項梁麾下的軍隊很快壯大到六七萬人，聲威大震。

項梁帶着這支浩浩蕩蕩的隊伍回到了下相，算是衣錦還鄉。在老家，項梁先告慰先祖，隨後動員整個家族從軍，項伯、項莊、項它、項冠、項聲、項悍等人都加入了項梁的起義隊伍，他們成為日後項氏政權的核心力量。

中國人重視血緣關係，家族勢力在各個領域都是一種不可忽視的力量。項梁、項羽叔侄在起兵造反並發展壯大的過程中，也整合了整個項氏家族的力量，這樣才能確保項家對這支軍隊的絕對領導權。後來，項梁戰死，宋義被懷王任命為這支軍隊的主帥。可是，當對軍隊下一步的行動出現嚴重的意見分歧時，項羽直接就斬殺了宋義，自己取而代之，當上了主帥。在這樣的時刻，軍隊居然沒有出現一絲不穩定跡象，我覺得這與項氏家族是這支軍隊的最大力量有關。換言之，項羽不是一個人在戰鬥，他之所以敢毅

然決然地斬殺主帥宋義，也是因為他背後有一個強大的家族在支持他。

從東阿到定陶

項氏舉家從軍之際，另一股反秦武裝已經佔據了彭城（今江蘇徐州）。這股反秦武裝的大將為秦嘉。此時，最先起義反秦的陳勝已經兵敗，下落不明。既然陳勝下落不明，秦嘉便立景駒為楚王，景駒是楚國舊貴族。秦嘉擁立景駒為楚王，意圖很明顯，就是要繼承陳勝的衣鉢，舉起楚地起義軍的帥旗，成為各路起義軍的領袖。

項梁的軍隊要西進攻秦，就必須要經過彭城。現在秦嘉的軍隊擋在了彭城，怎麼辦？項梁的辦法很簡單，滅了秦嘉和他的軍隊！他對將士們說：「陳王最先起義，仗打得不順利，如今下落不明。在此情況下，秦嘉居然立景駒為楚王，這是對陳王的背叛，是大逆不道！」他隨後下令攻打秦嘉。

秦嘉的軍隊戰敗而逃，項梁率兵追擊，直追到胡陵（今山東魚台東南），秦嘉戰死，秦嘉的殘餘部隊投降。景駒逃跑到梁地（今河南東部），也死在了那裏。在爭奪起義軍領導權的問題上，項梁勝出。

項梁接收了秦嘉的部隊，駐紮在胡陵，準備率軍

西進攻秦。秦將章邯率軍到達栗縣（今河南夏邑），項梁派別將朱雞石、余樊君去迎戰章邯。結果余樊君戰死，朱雞石戰敗，逃回胡陵。

此時已經到了公元前 208 年。項梁率軍進入薛縣（今山東藤縣東南），得到了陳勝死去的確切消息，於是決定繼承陳勝的遺志，撐起反秦義軍的大旗。項梁以張楚上柱國的名義為陳勝發喪、祭奠，召集各路起義軍來薛縣聚會，共議重建楚國、推翻秦朝的大事。這就是歷史上有名的薛縣會議。已經在沛縣起兵的劉邦此時應召參加了薛縣會議。

薛縣會議上，范增分析了陳勝失敗的原因，他說，陳勝失敗是有原因的。他認為秦滅六國，楚國是最無辜的。自從楚懷王被騙入秦沒有返回，楚國人至今還同情他。陳勝起義，不立楚國的後代卻自立為王，是一個嚴重的失策。現在項氏一族在江東起兵，楚國有那麼多將士蜂擁而至，就是因為項氏世世代代做楚國大將，有很好的民意基礎。不過，為了滅秦大業，還是立楚國的後代為王最能贏得民心。

項梁採納了范增的建議，到民間找到楚懷王的嫡孫熊心，這時他還在給別人牧羊。項梁擁立他為王，並且襲用祖父的諡號「楚懷王」，為的就是最大限度地贏得楚國百姓的民心。此前的起義將領陳嬰做了楚

國的上柱國，在都城盱台（今江蘇盱眙）輔佐懷王；項梁自己號稱武信君，統領軍隊。

應該說，薛縣會議開得還是很及時的。它結束了陳勝敗亡後反秦義軍群龍無首的混亂局面。在新立的楚懷王名義之下，重建了楚國，統一了各路反秦義軍。自陳勝、吳廣起義以來，原來被秦朝所滅的五國楚、齊、趙、魏、燕，至此都已經復國，楚國為反秦的首事之國，項氏的軍隊又最強大，理所當然地成了反秦諸國的盟主。

薛縣會議上，還做出一項決定：幫助韓國復國。此項提議由張良提出，並得到了認可。隨後，張良在民間找到了韓國的後代韓成，擁立其為韓王，張良自己任韓國司徒。至此，六國全部復國。重新復活的六國結成同盟，合擊秦朝。

這邊六國商討如何滅秦，秦朝那邊的大將章邯也沒閒着，他消滅了陳勝的張楚政權之後，揮師北上，進攻魏國。消滅了魏國之後，他又進軍齊國，將齊國田榮的軍隊圍困在東阿城（今山東陽谷東北）。

項梁迅速率軍奔赴東阿城，援救田榮。在東阿城下，項梁擊敗了章邯的大軍，追擊至濮陽（今河南濮陽地區），再戰，又擊敗章邯軍。經此一戰，章邯大軍被截斷為兩支，一支退守成陽城，章邯率另一支退

守濮陽城，堅守不出。

東阿之戰的勝利對項梁軍隊來說意義重大。項氏自江東起兵以來，一直在楚國境內活動，並未與秦軍主力交戰。這支新組建的軍隊能否戰勝秦軍？這是一個未知數。經東阿之戰的實戰證明，項氏的江東子弟兵果然神勇。在其他六國的軍隊紛紛不敵秦軍主力的情況下，項氏軍隊能有如此表現，算是經受住了實戰考驗，名副其實地扛起了反秦主力軍的大旗。經此兩戰的勝利，項氏軍隊的士氣也提上來了，此後，他們再遇到秦軍也不懼怕了。這一點也很重要，後來在巨鹿之戰中，其他各國的軍隊均不敢與秦軍交戰，只有項羽帶領的楚軍以一當十，連續作戰九次，九戰九捷，一日之內就擊敗了王離的二十萬秦軍。如此神勇的表現，固然與項羽的正確指揮密不可分，但也與楚軍士兵訓練有素、驍勇善戰密不可分。

章邯固守濮陽城後，項梁也做出了調整，他將部隊一分為二，主力由自己統領，繼續圍攻濮陽；另一部由項羽、劉邦統領，向東追擊逃往成陽的秦軍。日後成為死對頭的項羽和劉邦，此時是親密戰友，兩人帶兵攻克了成陽，然後南下進攻定陶（今山東定陶西北）。定陶城池堅固，守軍強大，久攻不下。項羽和劉邦決定放棄定陶，繞過外黃直插雍丘縣（今河南杞

縣），阻擊從三川郡方向趕來的秦朝增援部隊。

在雍丘，項羽和劉邦率領的軍隊與秦朝三川郡守李由率領的秦軍遭遇，他們大破秦軍，斬殺了李由。這個李由就是秦相李斯的兒子。擊潰李由率領的秦朝援軍後，項羽和劉邦回師北向，進攻外黃縣。此時，項梁的主力軍隊由圍攻濮陽轉而進攻定陶。項羽和劉邦的軍隊進攻外黃，算是對項梁定陶之戰的一個呼應。

項梁自東阿之戰以來，連續兩次打敗秦軍，現在，項羽和劉邦又率軍斬殺了李由，仗打得比較順利，他本人就產生了驕傲情緒，開始輕視秦軍。受主帥的影響，士兵也有所倦怠。

宋義看出了這種危險，規諫項梁說：「打了勝仗，將領就驕傲，士卒就怠惰，這樣的軍隊是要吃敗仗的。如今士卒有點怠惰了，而秦兵在一天天地增加，我有點替你擔心啊！」但是，項梁沒有聽從宋義的規勸。

此時，章邯一方面堅守濮陽，一方面調動援軍，增強軍力。待幾路援軍秘密會合後，章邯率軍突襲了項梁的軍營。由於輕敵，項梁沒有做好防範措施，在定陶城下被章邯的秦軍擊潰，項梁本人也戰死。

定陶之戰取得勝利後，章邯消滅了項梁的主力部隊，認為楚地的其他軍隊已不足為患，遂改變作戰方

向，北上渡過黃河，轉而進攻趙國。當時的趙國，趙歇為王，陳餘為大將，張耳為國相，都城在邯鄲。

章邯的秦軍主力很快攻陷了邯鄲。趙軍戰敗，退守巨鹿。章邯命令秦將王離、涉間率二十萬大軍包圍巨鹿，自己的軍隊駐紮在巨鹿南，築起甬道給他們輸送糧草。趙王歇和張耳被圍困在巨鹿城中，大將陳餘率領幾萬名士卒駐紮在巨鹿北邊，但這支部隊根本無力解救巨鹿。

趙王歇和張耳一面固守巨鹿，一面派使者向其他諸侯國求援。當時秦軍十分強大，陳餘曾派張黶、陳澤率五千人去進攻秦軍，結果全軍覆沒。自此之後，諸侯聯軍沒有人敢去進攻秦軍。若長時間未有援軍，秦軍肯定會攻破巨鹿，滅掉趙國。

就在這萬分危急的時刻，項羽率楚軍趕到。歷史上著名的巨鹿之戰爆發了。

巨鹿之戰

項羽能率楚軍趕來解救巨鹿之圍，中間也經歷了一些波折。

項梁在定陶兵敗身死之後，楚懷王親自走上前台，管理楚國的軍政事務。楚懷王親政後重新調整了軍隊部署。他將軍隊一分為二，一路以宋義為主帥，

項羽為副將，范增為末將，北上解救趙國的巨鹿之圍。他之所以任命宋義為主將，一個原因是宋義在定陶之戰前就勸諫過項梁，項梁沒聽才打了敗仗，他據此認為宋義「知兵」，有軍事才能，遂予以破格提拔；另一個原因是，他也想通過提拔宋義來對項氏家族在軍中的勢力有所壓制，尤其是想壓制一下項羽。按正常思路，主帥項梁戰死後，原本就是副將的項羽理應接替叔父的位置，成為這支軍隊的統帥。可楚懷王任命宋義為主帥，讓項羽繼續做副將，這裏面明顯包含對項羽的不信任。從這個人事任命中，我們可以窺探到楚懷王當時糾結的心態。他的楚王之位本是項梁所立，項梁活着的時候，他當然得聽項梁的。現在項梁戰死，他得到了親政的機會，但他空有楚王頭銜，手上並無自己的嫡系武裝，所以他親政後既想依賴項氏軍隊的支持，又要對項氏的代表人物項羽有所抑制。出於這種心態，他破格提拔宋義做了楚軍的最高統帥，各路將領均受宋義節制。與此同時，楚懷王還提拔了劉邦，任命他為另一路楚軍的主帥，率軍向西進攻關中。出發之前，楚懷王還跟諸將約定，誰先攻下關中，就封誰為秦王。

　　宋義率領楚軍主力，從彭城出發，經沛縣、胡陵抵達今天山東東平附近。部隊到了這裏就停下不走

了，一直停留了四十六天。宋義和項羽之間的矛盾由此爆發了。

項羽跟宋義說，秦軍把趙王包圍在巨鹿城內，我們應該趕快率兵渡過黃河，「楚擊其外，趙應其內」，裏應外合，這樣「破秦軍必矣」。意思很明顯，他們帶兵北上是來解巨鹿之圍的，宋義不去解圍，在半路上駐紮四十六天是甚麼意圖？

宋義卻說：「事情不是你想的那樣。能叮咬大牛的牛虻卻損傷不了小小的蟣虱。如今秦國攻打趙國，打勝了，士卒也會疲憊，我們就可以利用他們的疲憊；打不勝，我們就率領部隊擂鼓西進，一定能殲滅秦軍。所以，現在不如先讓秦、趙兩方相鬥，我們坐收漁翁之利。」他還說：「若論身披鎧甲、拿着刀槍衝鋒陷陣，我宋義比不上你項羽；可若論坐於軍帳，運籌決策，你項羽比不上我宋義。」

不聽項羽的建議之外，宋義還通令全軍：凶猛如虎，違逆如羊，貪婪如狼，倔強不聽指揮的，一律斬殺。這條軍令也明顯是針對項羽的。他不去救趙，還派自己的兒子宋襄去齊國為相，親自送到無鹽，置備酒筵，大會賓客。當時天氣寒冷，下着大雨，士卒一個個又冷又餓。

項羽一看這種情況，非常氣憤，就對將士發表策

反演說。他指出：「我們大家本是要合力攻打秦軍的，這個宋義卻久久停留，不肯前進。如今正趕上荒年，百姓貧困，將士們吃得很差，軍中餘糧也不多了，他竟然還『飲酒高會』。他不率領部隊渡河去救趙，以從趙國取得糧食，卻說『利用秦軍的疲憊』。秦朝憑着強大的軍隊去攻打新建立的趙國，『其勢必舉趙』，趙國一定會被攻陷。趙國被攻佔，秦就更加強大了，到那時，還談得上甚麼利用秦的疲憊？再說，我們的軍隊剛剛打了敗仗，楚懷王坐不安席，集中了境內全部兵卒糧餉交給宋義一個人，國家的安危，就在此一舉了。可是宋義卻不體恤士卒，還派自己的兒子去齊國為相，謀取私利，這不是國家真正的賢良之臣。」然後，項羽借早晨見面之際就在軍帳中斬殺了宋義。

殺了宋義之後，項羽跟將士們說：「宋義和齊國同謀反楚，楚王密令我處死他。」

各位將領都畏服項羽，沒有人敢反抗，都說：「首先把楚國扶立起來的就是項將軍家。現在將軍又誅滅了叛亂之臣。項將軍威武！」於是大家一起推立項羽為代理上將軍。

項羽派人去追趕宋義的兒子，追到齊國境內，把他殺了。項羽又派桓楚去向楚懷王報告。宋義被殺，兵權已經在項羽手上了，楚懷王無奈，只能順水推

舟，任命項羽為上將軍，當陽君英布、蒲將軍柴武均歸項羽指揮。

誅殺了宋義之後，項羽立馬帶兵趕赴巨鹿。他首先派遣英布、柴武率領兩萬人作為先頭部隊過河，先做試探性進攻，取得了一些小的勝利。

試探性進攻之後，項羽天才的軍事指揮才能迅速發揮了出來，他決定集中兵力，先全殲王離軍團於巨鹿城下。他一面命英布、柴武在原地堅守，不讓章邯打通與王離軍的聯繫，一面自己率全軍渡河。渡河之後，他做出了青史留名的驚人之舉：破釜沉舟。他下令全軍，人人備足三日的乾糧，然後將渡船鑿沉，將鍋灶等全部砸碎、毀掉，以自絕退路，向全軍貫徹速戰速勝、斷無敗退生還的決心。有軍事專家指出，破釜沉舟之舉除了激發將士絕地重生的戰鬥意志外，在戰術上也有實際效果，那就是放棄輜重後，部隊的行軍速度大大加快，有利於對王離軍團發起突然襲擊，打他個措手不及。

項羽率軍渡河後，迅速包圍王離的大軍，一日之內與秦軍交戰九次，大敗秦軍。王離被俘虜，蘇角被殺死，涉間拒不降楚，自焚而死。

項羽率領楚軍與秦軍大戰之初，別國前來援救巨鹿的軍隊築有十幾座營壘，沒有一個敢發兵攻擊秦

軍。項羽大戰王離時，他們也只在營壘中觀望。他們看到，楚國戰士無不一以當十，呼聲動天，各諸侯軍無不人人惴恐。兩軍日出開戰，日中尚難分勝負，待日斜過午，楚軍大捷，王離敗局已定。這時，原來作壁上觀的各國援軍才紛紛出營，配合楚軍攻擊潰退的秦軍。

在英布、柴武率領的兩萬兵力配合下，項羽親率五萬楚軍，一日之內就擊垮了王離的二十萬秦軍。項羽破釜沉舟的作戰決心，楚軍以一當十的作戰素質，項羽對王離軍團切割包圍、速戰速決的指揮藝術，讓各諸侯國的將士大開眼界。他們曾經十分懼怕的強大秦軍，竟在楚軍的淩厲攻勢面前一日瓦解，他們怎能不對項羽和他率領的楚軍刮目相看？

戰鬥結束後，項羽傳令召見各諸侯國將領。諸侯國將領穿過屍橫遍野的戰場，戰戰兢兢地來到項羽的統帥部，「入轅門，無不膝行而前，莫敢仰視」。他們見識了項羽及其所率楚軍的英勇，徹底服了。經此一戰，各國將領對項羽心服口服，一致推舉他為諸國聯軍統帥。

打敗王離之後，項羽轉而進攻章邯。

王離大軍一日之內就被殲滅，章邯異常震恐。他不敢與項羽正面對抗，指揮軍隊收縮防禦，退到漳河

南岸，深溝高壘，固守待援。

秦軍屢屢退卻，秦二世派人前來責問章邯。章邯害怕了，派長史司馬欣回朝廷去解釋。司馬欣回到咸陽，被滯留在宮外的司馬門三天，趙高竟不接見，還大有猜忌之意。司馬欣逃回軍中，趙高還曾派人追趕。

在內受猜忌、外遇強敵的情況下，章邯斟酌再三，最後率軍投降了項羽。至此，巨鹿之戰以項羽的徹底勝利而告終。此時為公元前 207 年。

巨鹿之戰是秦末反秦武裝取得的決定性勝利，它摧毀了秦軍主力，扭轉了整個戰局，經此一戰，秦朝已名存實亡。項羽破釜沉舟，在各諸侯軍龜縮於壁壘不敢出戰之際，帶頭率楚軍猛攻秦軍，其果決之姿與勇猛身影，千載之下，仍讓人無限景仰。

民國學者蔡東藩也認為巨鹿之戰是秦朝歷史上第一大決戰，是秦亡楚興的關鍵，他指出：「項羽之救巨鹿，為秦史上第一大戰，秦楚興亡之關鍵，實本於此。蓋章邯為秦之驍將，邯不敗，即秦不亡。且山東各國，無敢敵邯，獨羽以破釜沉舟之決心，與拔山扛鼎之大力，一往直前，九戰皆勝，虜王離，殺蘇角，焚涉間，卒使能徵善戰之章邯，一蹶不振，何其勇也！」

司馬遷在《史記》寫到巨鹿之戰時，也是濃墨重

彩，將項羽的神勇寫得栩栩如生。順便插一句，司馬遷寫史，特別看重一個人對歷史的重大影響。如果這個人對歷史的影響非常重大，司馬遷就會高規格為其寫傳，以凸顯其重要性。《史記》記述人物的通行標準是這樣的：本紀是寫皇帝的，世家是寫丞相及諸侯國的，列傳是寫名臣名將及其他重要人物的。可是，特殊的人物，司馬遷就破格對待。最明顯的就是項羽和陳勝。以兩人生前的身份，本該寫入列傳。可司馬遷寫項羽的是「本紀」，大大提高了規格。他寫陳勝的是「世家」，也提高了規格。司馬遷之所以這麼做，是基於他對秦漢之間歷史的獨特認識。他在〈秦楚之際月表〉中說：「初作難，發於陳涉；虐戾滅秦，自項氏；撥亂誅暴，平定海內，卒踐帝祚，成於漢家。五年之間，號令三嬗。自生民以來，未始有受命若斯之亟也。」這段話概括了從秦朝崩潰到漢朝建立之間急速的政權轉換過程：陳勝在大澤鄉起義，隨後建立張楚政權，這是滅秦大業的開始；項羽消滅秦軍主力，決定了秦朝滅亡的命運；劉邦打敗殘虐的項羽，平定了天下，最後稱帝，建立了漢朝。很明顯，在司馬遷看來，在秦朝崩潰到漢朝建立的這段時間裏，陳勝、項羽和劉邦三個人對歷史發展所起的作用最大，所以就要用盡可能高的規格來為他們立傳。

暴虐秦民

老子說：「禍兮，福之所倚；福兮，禍之所伏。」這話很有道理，一個人走到巔峰後的驕傲與任性，便是他走向末路的起點。

項羽也是如此，巨鹿之戰勝利之後，他很快就犯下了一個致命的錯誤：坑殺秦軍二十萬降卒。

章邯率秦軍投降後，項羽封他為雍王，安置在項羽的軍中，而二十萬秦朝降卒則由司馬欣統帥，充當項羽大軍的先頭部隊。諸侯軍的官兵以前曾經被徵徭役，駐守邊塞，路過關中時，秦朝官兵羞辱過他們。現在，秦軍投降後，諸侯軍的官兵就借着勝利的威勢，也羞辱秦兵。如此一來，新降的秦軍和原來的隊伍之間就有了矛盾。

秦軍官兵私下議論說：「章將軍騙我們投降了諸侯軍，如果能入關滅秦，倒是很好；如果不能，諸侯軍俘虜我們退回關東，秦朝廷必定會把我們的父母妻兒全部殺掉。」諸侯軍將領聽到了秦軍官兵的這些議論，就報告了項羽。

項羽召集英布、柴武商議說：「秦軍官兵人數仍很多，他們內心裏還不服，如果到了關中不聽指揮，事情就危險了，不如把他們殺掉，只帶章邯、司馬欣、董翳進入秦地。」於是，楚軍趁夜把秦軍二十餘萬人

擊殺，坑埋在新安城南。

項羽坑殺秦軍降卒一事，暴露出他在人性上的過度殘忍與政治上的致命短視。他是一個軍事家，用兵作戰的水平是一流的，可是他在政治上卻極其魯莽，沒有智慧。如何對待秦軍降卒，這表面上看是如何管理軍隊的問題，可實質上它是一個政治問題。這個問題不僅關涉軍隊的穩定，更關係着秦故地百姓的民心向背。項羽在新安殺了秦軍的二十萬降卒，埋下了秦地百姓仇恨項羽的種子，也斬斷了自己在關中立足的可能性。在後來的楚漢相爭中，關中地區成了劉邦的穩固根據地，原來的秦地軍民死心塌地追隨劉邦，與項羽死戰到底，其原因就在於項羽已成了秦地軍民的真正仇人。坑殺秦軍降卒，是項羽與秦地軍民結下血海深仇的開始。此事是項羽一生中重大的政治失誤，也是他由盛轉衰、逐漸走上了末路的起點。

在項羽與章邯主力秦軍大戰之際，劉邦統帥的另一路楚軍也進展順利，於公元前 206 年進入了咸陽，實現了先入關中滅秦的戰略目標。當項羽統帥四十萬諸侯聯軍，挾巨鹿大戰的勝利和坑殺秦軍之威趕到函谷關下的時候，函谷關大門緊閉。

項羽得知，劉邦已經接受了秦王子嬰的投降，佔領了關中，勃然大怒，下令要進攻函谷關。在巨大

的威脅之下，函谷關守將被逼開關。項羽揮師入關，駐軍戲水西岸，與劉邦駐紮在霸上的十萬軍隊相互對峙，戰事幾乎到了一觸即發的地步。

一場飯局化解了戰事。這場飯局就是著名的鴻門宴。鴻門宴的最後結果是：劉邦有驚無險，逃回了霸上軍中。劉邦和項羽通過談判講和，化解了戰爭，講和的條件對劉邦來說相當苛刻：劉邦將咸陽及關中地區全部移交項羽，已經投降的子嬰、秦朝官吏及軍隊也全部交由項羽處理。劉邦只帶自己的本部人馬，暫駐霸上，跟其他各國聯軍一樣，統一聽從項羽指揮。鴻門宴上，項羽之所以沒有殺掉劉邦，除了宴會上的人事斡旋外，我覺得最大的原因還在於：劉邦以最低的姿態，做出了最大限度的退讓，完全接受了項羽的講和條件。一句話，在局勢對自己不利的情況下，劉邦不惜用最大限度的隱忍來避免與項羽發生衝突，堪稱是委曲求全。

鴻門宴之後，項羽率兵西進，「西屠咸陽，殺秦降王子嬰」。項羽的軍隊劫掠了秦朝的財寶、婦女，離開了咸陽東歸，走之前還一把火燒了秦朝宮室，據說大火三個月都不熄滅。

有人曾勸說項羽，關中這塊地方，有山河為屏障，四方都有要塞，土地肥沃，可以建都，成就霸業。

項羽卻說，「富貴之後不回到故鄉，就像穿了華美的服裝在黑夜中行走一樣，別人誰知道呢？」

那個勸項羽的人說：「人們都說楚國人像是獼猴洗澡之後戴了人的帽子，還果真是這樣的。」

項羽聽了這話很生氣，就把那個人抓了，扔到開水鍋裏煮死了。

屠咸陽、殺子嬰，是項羽所犯的又一個大錯。秦地百姓也是秦朝苛政的受害者，劉邦此前入咸陽，有感於「天下苦秦久矣」，與百姓「約法三章」，廢除了秦朝的苛政，此舉很得民心。子嬰曾殺掉趙高，並主動投降了劉邦，在百姓中很有威望。如果項羽是一個有胸懷有遠見的政治家，就應該在關中繼續執行劉邦的政策，善待子嬰，安撫秦地百姓，這樣才能贏得民心。

項羽進入咸陽後燒殺搶掠，讓秦地百姓徹底寒了心。劉邦佔領咸陽時不但財物無所取，婦女無所幸，而且還廢除秦朝苛政，用心安撫百姓，完全是一副仁義之師的風範。現在項羽來了卻燒殺搶掠，暴虐秦民。秦地百姓兩相對比，當然會在日後堅定不移地支持劉邦，仇視項羽。得民心者得天下，楚漢相爭，其實在戰爭尚未開始之前，劉邦就已經贏得了民心，而項羽也徹底失掉了民心。天下歸屬的天平在戰前就已然倒向了劉邦這一邊。

分封天下

屠戮咸陽、殺害子嬰之後，項羽又犯了一個大錯：廢掉了懷王之約，自己分封天下。

所謂的懷王之約，是楚懷王親政後制定的戰略規劃和各國公約。它的主要內容有三項：其一，復興六國，六國以楚國為盟主，聯合作戰，滅掉秦朝。其二，復興六國的方式是擁立戰國時六國的後代，以確保政權的正統性。其三，秦朝被滅掉後，秦國將予以保留。新的秦王，由先進入關中、滅掉秦朝的功臣出任。

懷王之約，不僅含有滅秦的戰略，而且包含滅秦後的重建規劃，即滅掉秦朝後，天下恢復為七國，新秦王則由先入關中的功臣出任，其他六國已然有了重建的政權及國王，自然因襲。如此一來，天下重新回到了戰國七雄的局面。因為楚國在滅秦中是盟主國，戰後也是理所當然的盟主國。

懷王之約一方面確認了六國政權，並通過扶植六國王族建立政權來杜絕各路群雄擅自稱王的野心，另一方面，也引入競爭機制，通過先入咸陽者為王的約定來誘惑各位戰將，使之全力攻秦。

若按懷王之約的規劃，戰後的七國之王應該是這樣的：楚王熊心、趙王趙歇、齊王田市、魏王魏豹、

韓王韓成、燕王韓廣、秦王劉邦。

史書記載，在屠咸陽、殺子嬰之後，項羽曾派人向懷王請示戰後重建的問題。懷王的回答是：按原來的約定辦。

如果項羽此時執行懷王之約，那各路諸侯肯定無話可說。這個約定當初就是大家一致認可的，現在懷王又再次重申，照此辦理不是順理成章的事嗎？

可是，項羽拒絕執行懷王之約。為甚麼呢？很簡單，若按照懷王之約，項羽自己根本就不能稱王。項羽覺得自己手握重兵，戰功卓著，理應稱王，懷王不封他為王，還堅持當初的那個懷王之約，簡直就是對他的極大蔑視。懷王既然敢蔑視他，那他就敢徹底推翻懷王之約。項羽的思路很簡單，很直接，也很粗暴。他就是要稱王，誰擋他他滅誰。

項羽還真的就把懷王之約給推翻了。他的辦法是，先給懷王一個徒有虛名的「義帝」尊稱。自己直接封王不好，那就先封手下諸將為王（手下諸將都稱王了，我項羽還不可以稱王嗎）。於是，項羽說：「天下起義反秦之初，暫時立諸侯的後代為王，為的是爭取民心，討伐秦朝。然而身披堅甲，手持利兵，衝鋒陷陣，滅掉秦朝的，那還是各位將相和我項羽的力量。義帝雖說沒有甚麼戰功，但分給他土地讓他做

王，也是應該的。」

諸將一聽說自己有機會稱王，當然都說好了。

於是，項羽徹底推翻了懷王之約，重分地盤，將天下分為十八國，每國封一位國王。項羽封王的方案理論上講是按照軍功大小來設計的，可實際上夾雜了項羽的諸多私利和私情。比如，項羽自封為西楚霸王，「王九郡，都彭城」，別的王一般只下轄一到三個郡，項羽自己卻有九個郡，地盤太大了。雖說項羽在反秦中功勞最大，但他這樣的分配方案也太偏私了，很有「掌勺者私分大鍋飯」的味道；再比如，若按懷王之約，劉邦應被封秦王，封地是整個秦國的關中大地。可項羽卻封劉邦為漢王，統治巴蜀、漢中之地，這是極大的不公。若真的論功行賞，劉邦帶兵先進入了咸陽，功勞僅次於項羽，封地應該比這好得多。項羽害怕劉邦跟自己爭天下，故意將劉邦分封到巴蜀之地，那裏原本是秦朝流放犯人的地方，道路險阻，不便於出兵爭奪天下。項羽分封劉邦為漢王的用意是貶抑、封鎖劉邦。為了確保封鎖效果，項羽還把關中再分三塊，封給秦朝三名降將，封章邯為雍王，統治咸陽以西的地區；封司馬欣為塞王，統治咸陽以東地區；封董翳為翟王，統治原來秦朝的上郡。項羽封這三名降將為王，目的就是讓他們阻斷劉邦的東出之路。

政治利益考量之外，項羽個人的私情也起了很大的作用。項羽基本上把好的地盤都分封給自己及自己手下的將領，而將差的地盤封給原來的六國之王，這讓原來的六國之王很不服。比如，他將趙王歇遷徙到趙國北部，貶為代王；將齊王田市遷徙到齊國東部，貶為膠東王；將燕王韓廣遷徙到遼東，貶為遼東王；韓王韓成雖然保留了韓王稱號，但不讓其回到韓國，而是被項羽帶到了彭城，後來乾脆殺掉。再比如，司馬欣本來是秦朝降將，因為他以前曾幫助過項羽的叔父項梁（項梁在秦朝時曾犯罪被捕，曹咎給司馬欣寫信說情，司馬欣就放了項梁），所以項羽就封司馬欣為塞王，算是「公報私恩」；齊國的田榮在反秦過程中功勞很大，可因為他跟項梁關係不好（聯合作戰時意見不一致），項羽就沒給田榮封王，這是「公報私仇」。正因如此，後來田榮第一個起兵反抗項羽，挑戰項羽的霸主權威。

　　分封不公已然是巨大的政治錯誤了，項羽在分封後又犯了一個更致命的錯誤。他在回到彭城之際，派人去讓義帝遷都到長沙郡的郴縣（今湖南郴州市），同時秘密指使九江王黥布（也就是原來的英布）暗殺義帝於遷徙途中。暗殺義帝讓項羽在政治道義上大大失分，後來劉邦起兵討伐項羽，一項重要的口號就是

替義帝報仇。劉邦動員其他諸侯一起攻擊項羽的文書上說：「義帝是各路諸侯的共同盟主，項羽殺害義帝，是以臣弒君的大逆不道之舉。我率先起兵討伐項羽這個大逆不道之人，希望各位諸侯王能助我一臂之力。」

項羽推翻懷王之約，重新分封諸王，其管理天下的理念，接近於春秋五霸的治理模式。項羽所封諸國高度自治，各國擁有自己的土地、百姓和軍隊，各國自定制度，自己任用官員，完全是獨立王國。唯一的義務是，各國國王由楚霸王項羽封授，所以要朝覲聽命於楚霸王項羽。從這種安排來看，應該說項羽徹底否定了秦朝的帝國體制，自己也不願意做皇帝，他所傾心的是霸主政治，自己想做齊桓公、晉文公那樣的霸主。

不做皇帝做霸主，這也不能說一定不對，關鍵是，要做一個好霸主也是有條件的。春秋時期的霸主，那是「大國制義以為盟主」，即做霸主必須有兩個條件，一個是強大的國力，另一個是道義。大國秉承道義，其他各國才「懷德畏討，無有貳心」。他們為甚麼「懷德」？因為大國霸主確實遵守道義，有道德，有讓人家感激你的地方；他們為甚麼「畏討」？因為大國國力強大，有能力征討。這兩條缺一不可，少了任何一條都無法做霸主。

對項羽來說，他確實有征討其他各國的實力，可是，他講道義嗎？他有讓其他諸侯國心服口服的道德力量嗎？顯然沒有。他非但沒有讓別人「懷德」，反而使人「懷恨」。他分封分得不公平，不就讓很多人懷恨在心嗎？他坑殺降卒、屠戮咸陽、火燒秦宮、殺害義帝，這不都是不義之舉嗎？如此無德不義，項羽又怎麼能坐得穩西楚霸王的位子呢？

楚漢相爭

項羽回到彭城，西楚霸王的位子還沒等坐穩，田榮就在齊國起兵造反了。

原來，項羽因私人恩怨沒有封田榮為王，這讓田榮很惱火。此外，項羽將原來的齊王田市改封為膠東王，而將齊將田都封為齊王，這更給了田榮造反的理由。田榮起兵進攻齊國，殺掉了田都，然後自立為齊王，隨後又攻殺了濟北王田安，原來被項羽分為三塊的齊國大地，現在全部被田榮一人佔領了。田榮還聯合對項羽不滿的陳餘、彭越等人，一起反抗項羽。

項羽很憤怒，趕緊帶兵前去鎮壓。就在項羽在東邊與田榮、陳餘、彭越等人交戰之際，劉邦在韓信的謀劃下暗渡陳倉（今陝西寶雞東），殺回關中，打敗了雍王章邯、塞王司馬欣、翟王董翳，奪取了整個

關中。

楚漢相爭的過程其實是項羽由盛轉衰走上末路的過程。在這個過程中，項羽雖也打了一些可圈可點的勝仗（比如彭城大戰），但總體上越來越孤立。他的軍事才能強於對手劉邦，可他的政治才能和統戰工作遠遠不及劉邦。劉邦有忠心耿耿的蕭何輔佐，有智慧超群的張良出謀劃策，又大膽啟用了韓信，團隊力量極其強大。此外，劉邦身邊還有陳平、曹參、周勃、灌嬰、樊噲、陸賈、隨何等能臣，這些人有文有武、各具特點，在相當大的程度上彌補了劉邦身上的一些欠缺。單打獨鬥，劉邦比不上項羽，可劉邦善於用人，如此眾多的名臣名將一起發力，一個項羽如何抵擋得住。建立漢朝之後，劉邦曾總結說：「夫運籌帷幄之中，決勝於千里之外，吾不如子房；鎮國家，撫百姓，給饋餉，不絕糧道，吾不如蕭何；連百萬之軍，戰必勝，攻必取，吾不如韓信。此三者，皆人傑也，吾能用之，此吾所以取天下也。項羽有一范增而不能用，此其所以為我擒也。」這段話非常經典，從中可看出劉邦用人之得與項羽用人之失。

更為關鍵的是，劉邦非常重視統戰工作，團結一切可以團結的人，最大限度地壯大了自己，孤立了項羽。英布（黥布）原本是項羽麾下的猛將，巨鹿之

戰時，他與柴武帶先頭部隊渡河與秦軍作戰，功勳卓著。項羽對他也很看重，分封天下時封他為九江王。可在楚漢相爭的過程中，劉邦派隨何做說客，硬是將英布策反了。英布歸漢攻楚，開闢了楚漢相爭的南部戰場，等於在背後捅了項羽一刀，幫了劉邦的大忙。

楚漢相爭進入相持階段後，有南、北、中三個戰場，南部戰場在江淮地區，就是英布掉頭進攻項羽，這一戰場持續了半年，最後雖以英布兵敗告終，卻有力地牽制了項羽西進。北部戰場在黃河以北，軍事天才韓信在這個戰場上屢出奇兵，一舉攻下了魏國、趙國、燕國和齊國，可謂凱歌高奏，全線告捷。中部戰場在滎陽地區，劉邦和項羽長期在此拉鋸和對峙，甚至一度以鴻溝為界，中分天下，鴻溝以西為漢，鴻溝以東為楚。

楚漢劃鴻溝為界，暫時停戰，這看似是和談，實則是漢軍向楚軍發起總攻的前夜。鴻溝和談之後，項羽罷兵東歸。劉邦本來也想撤兵西歸，可張良、陳平勸諫說，漢已據天下大半，諸侯又都歸附於漢。楚軍現在已經是兵疲糧盡了，這正是滅楚的好時機。如果現在放走項羽而不打他，就是所謂的「養虎為患」。

劉邦一聽，有道理，遂率軍追擊項羽至陽夏南（今河南太康南）。在這裏，劉邦與韓信、彭越相約，

合力攻楚，並且承諾，打敗楚軍後，從陳縣（今河南淮陽）往東至海濱一帶（大體包括今天河南東部、山東西南部、及安徽江蘇兩省北部地區）分給韓信，睢陽以北至穀城（今山東平陰西南）一帶（大體包括今天河南東北部和山東西部地區）分給彭越。

　　得到了劉邦的封地承諾，韓信和彭越起兵與劉邦會和，三路大軍會和後，軍威大振。項羽抵擋不住，只好放棄陳縣，一路向東撤退，直至退到垓下（今安徽宿州靈璧縣）。此時為公元前 202 年。

張良（？—公元前 180），字子房，韓國城父（今安徽亳縣東南）人，秦末漢初著名軍事家、漢朝開國功臣，被封為留侯。

垓下對決

退到垓下的項羽，喪失了所有的盟國。曾經的盟國不是倒向了劉邦，就是被劉邦滅掉了。自己麾下的猛將英布現在轉到劉邦的麾下，曾經做過自己衛兵的韓信，現在正是指揮漢軍與自己作戰的主將，曾經在鴻門宴上向自己委曲求全的劉邦，現在兵強馬壯，步步緊逼，窮追不捨。昔日名震天下的西楚霸王，如今走到了末路。

儘管如此，項羽手下還有十萬精兵，這是他楚軍的核心力量。望着沱河南岸的淮北平原，項羽的決戰豪氣再次被激起——這是一片多麼理想的野戰戰場！項羽對自己的軍事才能向來是自信的，他最善於指揮以少勝多的野戰。巨鹿之戰，他指揮七萬精兵，一日之內就擊垮了王離的二十萬秦軍；彭城之戰，他以三萬精兵突襲劉邦五十六萬諸侯軍，就連劉邦也差點在這次戰役中喪命。可以說，自起兵以來，項羽親自指揮的大規模野戰，戰無不勝，所向無敵。我想，正是項羽出於對自己軍事才能的充分自信，他才決定以自己的十萬精兵與劉邦的六十萬聯軍決一死戰。若此戰勝利，項羽就會反敗為勝。

可惜的是，這次與項羽對陣的，不是王離，不是章邯，也不是劉邦，而是韓信。劉邦、韓信、彭越

三路大軍會和後，劉邦將指揮垓下之戰的大權授予了韓信。

韓信只比項羽小一歲。項梁起兵渡過淮河北上時，韓信投奔了項梁，算是加入反秦大軍的隊伍。項梁戰死後，韓信又在項羽手下做郎中（衛兵）。韓信多次給項羽獻計，不被採納。劉邦入蜀後，韓信離楚歸漢，但仍不被重視。他鬱鬱不得志，準備再次離去，幸好被蕭何追回。蕭何向劉邦力薦韓信，劉邦接受了蕭何的建議，拜韓信為大將。

得到劉邦重用的韓信宛如蛟龍入海、鯤鵬騰空，其軍事天才得到了淋漓盡致的發揮。滅秦之際，戰場上最耀眼的將星是項羽，可楚漢相爭以來，戰場上最耀眼的將星就變成了韓信。韓信在北部戰場連戰連捷，攻魏、征趙、降燕、滅齊，屢建奇功，軍事才能獨步天下。

如今，韓信和項羽在垓下遭遇了，兩人由從前的上下級關係變成了你死我活的戰場對手。我相信，大戰之前，這兩人的內心一定十分複雜。項羽會不會因為當初沒有重視韓信而後悔不已？韓信會不會想起自己在項羽帳下做衛兵的黯淡歲月？項羽肯定想把垓下演化成巨鹿，再一次以少勝多。韓信也知道項羽的巨鹿之戰，那時他正是項羽身邊的一名衛兵。韓信了解

項羽的用兵之道，也對項羽的為人有過細緻的觀察和理性的分析。

兩位軍事上的頂級高手，秦漢之際兩顆最耀眼的將星，就這樣在垓下對決了。兵力對比：項羽十萬人，韓信六十萬人，韓信佔優勢；對決地點：垓下，由項羽選定，利於野戰；對決方式：大規模野戰，也是項羽選定的，是他最擅長指揮的戰法。

大戰拉開，韓信將六十萬大軍擺成三重縱深軍陣。第一道軍陣三十萬兵馬，分前、左、右「品」字佈陣，前軍十萬，由韓信親自統帥，直接迎戰楚軍；左軍十萬人，由韓信的部將孔熙指揮；右軍十萬人，由韓信另一部將陳賀統帥。第二道軍陣十萬兵馬，由劉邦親自統帥，佈置在前軍之後，作為第一道軍陣的依托；第三道軍陣二十萬兵馬，分左後軍和右後軍兩部，每部各十萬人，左後部由周勃指揮，右後部由柴武指揮。從這個佈陣中可以看出，韓信對項羽的野戰突擊能力是做了最充分準備的，結結實實地佈置了三重縱深陣型，生怕被楚軍的猛烈進攻一舉擊透。

項羽在垓下之戰中是如何指揮的，史書上沒有詳細記載。《史記》對垓下之戰的記述極為簡練：「淮陰先合，不利，卻。孔將軍、費將軍縱，楚兵不利。淮陰侯復乘之，大敗垓下。」後人根據這段記載，再

輔以戰術推演，認為垓下之戰的實際情況可能是這樣的：項羽集中十萬精兵首先發起攻擊，攻擊的方向正是韓信的前軍。在楚軍的猛烈進攻下，韓信統帥的十萬前軍陣型動搖，出現了不利情況，開始退卻，收縮。楚軍追擊時，孔熙統帥的前左軍和陳賀統帥的前右軍從兩翼突然殺出，痛擊楚軍。這樣一來，楚軍形勢不利了。剛才退卻的韓信又整頓軍隊，重新殺回，三路大軍合擊楚軍，將楚軍打得大敗。

烏江自刎

垓下之戰，項羽十萬將士，生還不到兩萬人，敗得非常慘。此戰之後，項羽無力再戰，只好在垓下修築營壘，堅守不出。

被圍困在垓下的項羽「兵少食盡」，既沒有足夠的兵力與劉邦決戰，也沒有足夠的糧食可以支撐長期堅守。項羽徹底走到了末路。

深夜，項羽聽到漢軍在四面唱着楚歌，他大為吃驚，說：「難道漢軍已經完全取得了楚地？怎麼楚國人這麼多呢？」他起來在帳中飲酒，借酒澆愁。看着自己寵愛的美人虞姬，看着自己心愛的烏騅馬，項羽不禁悲從中來，「悲歌慷慨」，自己作詩吟唱道：「力拔山兮氣蓋世，時不利兮騅不逝。騅不逝兮可奈何，虞

兮虞兮奈若何！」

「歌數闋，美人和之。項王泣數行下，左右皆泣，莫能仰視。」項羽唱了好幾遍，美人虞姬在一旁應和。項羽流下了數行淚水，左右侍者也都跟着落淚，沒有一個人能抬起頭來與項羽的目光對視。

最後，項羽騎上烏騅馬，率領八百壯士深夜突圍。

天快亮的時候，漢軍才發覺項羽已突圍，劉邦命灌嬰帶領五千騎追趕。項羽渡過淮河，部下壯士只剩下一百多人，後又迷路，陷入沼澤地中，被漢軍追上。項羽又帶着騎兵向東，到達東城（今安徽定遠縣東南），這時他身邊只剩下二十八名騎兵了，而漢軍追上來的騎兵有好幾千人。

項羽也知道逃脫不了，就對他的騎兵說：「我帶兵起義至今已經八年，親自打了七十多仗，我所抵擋的敵人都被打垮，我所攻擊的敵人無不降服，從來沒有失敗過，我因此稱霸天下。可如今被困在這裏，這是上天要滅亡我，不是我指揮作戰的過錯。今天我決心戰死，也願意給諸位打個痛痛快快的仗，一定勝它三回，帶諸位突破重圍，斬殺漢將，砍倒軍旗，讓諸位知道的確是上天要滅亡我，絕不是我作戰的過錯。」

項羽將自己的二十八名騎兵分成四隊，面朝四個

楚霸王項羽

虞姬

范增

項伯

從左至右：項伯、范增、項羽、虞姬。

方向。漢軍將他們包圍了好幾層。項羽對騎兵們說：
「我來給你們拿下一員漢將！」隨即命令四面騎兵驅
馬飛奔而下，約定衝到山的東邊，分作三處集合。項
羽高喊着衝了下去，漢軍像草木隨風倒伏一樣潰敗
了，項羽殺掉了一名漢將。這時，楊喜（後來被封為
赤泉侯）為漢軍騎將，在後面追趕項羽，項羽瞪大眼
睛呵斥他，楊喜嚇得趕緊後退，退了好幾里。項羽與
他的騎兵在事先約定的三處地點會合了。漢軍不知項
羽的去向，就把部隊分為三路，再次包圍上來。項
羽再次驅馬衝了上去，再斬了一名漢軍都尉，殺死
一百八十人。

這時候，項羽再聚攏自己的騎兵，僅僅損失了兩
個人。項羽問騎兵們道：「怎麼樣？」騎兵們說：「正
像大王說的那樣。」

帶着二十八名騎兵還能在漢軍幾千騎兵的包圍
下殺個來回，突圍而出，再次證明了項羽的神勇。可
是，力量對比實在太懸殊了。項羽帶着二十六名騎兵
繼續向東南逃去，他一路逃到東城縣烏江亭（今安徽
和縣烏江鎮）。烏江亭長已經在那裏等着他了。亭長
對項羽說：「江東雖然小，但土地縱橫千里，民眾有幾
十萬，也足够稱王了。希望大王快快渡江。現在只有
我這兒有船，漢軍到了，沒法渡過去。」

項羽此時竟然笑了，說：「上天要滅亡我，我還渡烏江幹甚麼！再說我和江東子弟八千人渡江西征，如今沒有一個人回來，縱使江東父老兄弟憐愛我，讓我做王，我又有甚麼臉面去見他們？縱使他們不說甚麼，我項羽難道心中沒有愧疚嗎？」他對亭長說：「我知道你是位忠厚長者，我騎着這匹馬征戰了五年，所向無敵。牠日行千里，我不忍心殺掉牠，把牠送給你吧。」

項羽「不肯過江東」，遂命令騎兵都下馬，手持短兵器與追兵交戰。這是項羽生命的最後時刻，《史記》記載「獨籍所殺漢軍數百人」。經過短兵相接的搏殺，項羽身上負傷十幾處。

混戰之中，項羽回頭時突然看見了漢軍騎司馬呂馬童，說：「你不是我的老相識嗎？」呂馬童也認出了項羽，就指給王翳說：「這就是項王。」

項羽說：「我聽說漢王用黃金千斤、封邑萬戶來懸賞我的頭顱，既然這樣，我就乾脆把這份好處送你吧！」說完，自刎而死。

項羽死後，王翳得到了項羽的人頭，其他騎兵互相踐踏着爭搶項羽的軀體，有幾十人因此喪命。最後，郎中騎將楊喜，騎司馬呂馬童，郎中呂勝、楊

武各爭得項羽肢體的一部分。五人把肢體拼合，正好對上。後來，劉邦就將萬戶侯的賞賜一分為五，分別封這五人為侯：封呂馬童為中水侯，封王翳為杜衍侯，封楊喜為赤泉侯，封楊武為吳防侯，封呂勝為涅陽侯。

項羽死後，劉邦「以魯公禮葬項王穀城」。而且，劉邦親自為其發喪，泣之而去。劉邦厚葬完對手，順利登基，建立了漢朝。

四大昏招

司馬遷總結項羽一生的成敗時說，秦末群雄並起，你爭我奪，數也數不清。項羽沒有尺寸的封地可以憑藉，乘勢崛起於里巷民間。他只用了三年的時間，就率領齊、趙、韓、魏、燕五國聯軍滅掉了秦朝，劃分天下土地，分封諸侯，自號為「霸王」，他的地位、功業雖然沒能保持長久，但也是前所未有的。等到項羽捨棄關中之地回到楚國，放逐義帝，自立為王，「怨諸侯叛己」，與各路諸侯結怨，導致他們背叛自己，這個時候，再想繼續維持自己的大業，「難矣」。更關鍵的是，項羽「自矜功伐」，不肯向古人學習，只想靠自己的聰明才智打天下，認為自己的功

業是完全靠武力征伐就能搞定的，這可真是天大的錯誤。不過五年之間，項羽就國破家亡，身死東城，可他至死也不覺悟，也不反省，實在是大錯特錯。他用上天要滅亡我，不是用兵的錯誤來自我解脫，這不是太荒謬了嗎？

其實，早在楚漢爭霸之前，韓信就曾跟劉邦詳細分析過項羽的種種弱點，並預測了項羽會由強轉弱直至敗亡的結局。韓信指出：項羽震怒咆哮時，沒人敢不聽他的，可是他不能放手任用有才能的將領，他的勇猛不過是匹夫之勇。項羽待人恭敬慈愛，言語溫和，看見生病的士兵，他心痛得流淚，把自己的食物都分給他們。可是，等到有人立下戰功，該加封進爵時，項羽把刻好的大印放在自己手裏把玩，把玩得大印都失去棱角了，他還捨不得給別人。他這種仁就是婦人之仁。項羽明明已經稱霸天下並使諸侯臣服了，可他卻放棄了關中的有利地形，非要回到彭城建都，這是沒有戰略遠見。項羽違背了義帝的約定，將自己的親信分封為王，諸侯憤憤不平。諸侯看到項羽把義帝遷移到江南僻遠的地方，也都回去驅逐自己的國君，佔據了好的地方自立為王。項羽軍隊所經過的地方，沒有不橫遭摧殘毀滅的，天下人大都怨恨項羽，百姓不願歸附他，只不過逼於威勢，勉強服從而已。

所以，雖然項羽名義上是霸主，可實際上卻失去了天下的民心，他的優勢很容易轉化為劣勢。

將韓信與司馬遷的觀點合起來看，我們可以將項羽敗亡的原因概括為四點：其一，稱霸之後不在關中建立政權，卻非要回到彭城建都，這犯了戰略上的錯誤；其二，推翻懷王之約，並放逐義帝，這是犯了政治倫理上的錯誤；其三，分封天下不公正，結怨於諸侯，這犯了權力分配不公的錯誤；其四，殺降卒、屠咸陽、殺子嬰，過於殘暴，這犯了不施行仁政、過於迷信武力的錯誤。若用再簡單的話概括，可以這樣說：項羽在軍事上是當之無愧的天才，可他在政治上卻是一個低能兒。當需要用軍事力量打敗秦軍時，他在戰場上異常神勇。等他稱霸諸侯，需要用政治智慧來管理天下時，他就屢出昏招，終至敗亡。

聽取意見學劉邦

劉邦道德水平不高，用現在的眼光看，他根本就不是一個理想主義者，而是一個徹頭徹尾的功利主義者。此外，他身上還有很多毛病，比如流氓習氣、愛辱罵人等。可是，他有一項非常突出的本領，那就是善於聽取正確的意見。在好幾次重大的轉折點上，

他都是因善於聽取意見而做出了正確的選擇。憑此本領，他每每能在逆境、險境中迎得峰迴路轉、絕處逢生的機會。

「宛城模式」

公元前 207 年，劉邦奉楚懷王之命率軍西進，經過宛城（今河南南陽市宛城區）時，因南陽郡守率軍駐紮在宛城（當時宛城隸屬南陽郡），宛城不易攻克，劉邦便不攻宛城，帶兵繞過，繼續西進。應該說，劉邦這麼做也是有原因的。當初，楚懷王與各位將領有約定，誰先攻克咸陽，就封誰做秦王，統治關中地區。劉邦西進攻秦，當然有機會先佔領咸陽。在這樣的背景下，劉邦自然而然地認為，為了攻佔一個小小的宛城而耽誤了進入關中的時間，那是得不償失的。所以，他放棄攻佔宛城，直接西進。

關鍵時刻，張良勸諫劉邦說：「你雖然急着攻佔關中，可是秦朝的兵力還很強大，他們據險而守，你是不會快速攻下關中的。你現在放棄宛城不攻，待你將來攻打關中時，宛城的敵人再從背後攻擊您，你腹背受敵，可就危險了。所以，不能放棄宛城，哪怕耽誤點時間也得先攻克了宛城再西進。」

聽張良這麼一說，劉邦立馬改變了行軍路線，連

夜帶兵從別的路線返回了宛城。到了第二天黎明的時候，他的大軍已經將宛城圍了三層。

秦朝的南陽郡守一看這架勢，知道宛城肯定是守不住了，欲自刎。這時他手下一個叫陳恢的人勸阻說：「你別忙着自殺呀，先派我去跟劉邦和談，和談不成再自殺不晚，若和談成功，還幹嘛自殺？」南陽郡守一聽還有和談的可能，就不考慮輕生了。

陳恢見到了劉邦，說：「我聽說楚懷王跟諸將有約定，誰先攻入咸陽就封誰在那裏做王。現在你停下來攻打宛城。宛城是個大郡的都城，相連的城池有幾十

漢高祖劉邦（公元前 256—前 195），字季，沛縣豐邑（今江蘇豐縣）人，稱沛公，秦末起義軍首領之一、漢朝建立者。

座，人口眾多，積蓄充足，官民都認為投降肯定要被殺死，所以才決心據城堅守。現在你停在這裏攻城，士兵傷亡一定很多；如果率軍繞道離去，宛城的軍隊一定會在後面追擊，你在西進時會遭到前後夾擊。替您着想，我覺得你不如約定條件，接受宛城軍民的投降，封賞南陽太守，讓他留下來繼續守住南陽，你率領宛城的士兵一起西進。那些還沒有降服的城邑，聽到了這個消息，一定會爭着打開城門迎接你。你就可以暢通無阻地西進，不必擔心甚麼了。」

一聽陳恢的和談方案，劉邦腦洞大開，說：「善！就照你說的辦。」

和談非常順利，宛城很快投降。劉邦以南陽郡守為殷侯，封陳恢為千戶，投降之後的宛城官員非但沒受到誅殺，反而繼續做官，有功的還得到了加封。這就是劉邦在西進過程中探索出來的「宛城模式」。有了「宛城模式」後，劉邦再「引兵西，無不下者」。秦朝郡縣的官員知道投降之後仍可在劉邦的麾下做官，紛紛放棄抵抗，直接投降。比如，到了丹水（今河南淅川西南），戚鰓、王陵投降了。轉回來攻打胡陽（今河南唐河南）時，遇到了吳芮的別將梅鋗，與他一起約降了析縣（今河南西峽縣）和酈縣（今河南南陽市西北）。這樣一來，劉邦西進的速度大大加快，

後來他之所以能最先進入咸陽，與西進時採用了「宛城模式」有着直接的關係。而「宛城模式」的開創，就在於劉邦能聽從張良的意見，並接受了陳恢的和談方案。

對劉邦西進中的「宛城模式」，我們也不妨設身處地想一想：如果我們當時處在劉邦的位置上，我們能做出正確的選擇嗎？兩種方案各有利弊：方案一，攻克宛城再西進，好處顯而易見，會大大降低腹背受敵的風險，但缺點是耗費時間，可能影響進攻咸陽的速度；方案二，放棄宛城直接西進，好處是節約了時間成本，直指攻克咸陽的核心戰略目標，缺點就是風險極大。在先入咸陽者為王的巨大利益誘惑面前，在攻克宛城耗費的時間不可預知的情況下，你到底是願意把風險降到最低，還是願意冒着巨大的風險去追求極其誘人的成功目標？很多人恐怕都會選擇方案二，寧願冒着巨大的風險，也要節約時間成本，以搶先向核心戰略目標挺進。劉邦最初的選擇也是方案二，這說明他的智商並不比我們常人高，他高於常人的地方在於：在他已選擇了方案二並付諸執行之後，還能聽從張良的正確意見，果斷地將行動計劃改回到方案一。這樣的決策能力就超出普通決策者很多了。這麼一對比，我們便明白，劉邦如此善於聽取正確意見，堪稱知錯就改，非常不容易。

抵住物慾誘惑

公元前 206 年，劉邦的大軍攻到關中，秦王子嬰投降，秦朝滅亡。劉邦進入咸陽後，看到秦朝宮殿裏的財寶、美女太多了，禁不住金錢和女色的誘惑，就想住在裏面不走了。

樊噲趕緊勸諫，說：「你是想擁有天下，還是僅僅想做一個富翁？秦朝皇帝就是因為貪戀這些奢侈華美之物才亡國的，你怎麼還貪戀這些呢？你還是趕緊回到霸上（今陝西西安市東）的軍中吧，不要住在秦宮了。」

可是，劉邦不聽，金錢和美女的誘惑實在太大了。

這時張良又出馬了，他指出：「由於秦朝暴虐無道，所以你才能率軍來到這裏。你是替天下鏟除暴政的人，理應以清廉樸素為本。你現在剛剛攻入秦都，就要在這裏享樂，這正是人們說的『助紂為虐』。況且古人早就說過『忠言逆耳利於行，良藥苦口利於病』，所以，希望你還是聽從樊噲的意見。」

聽了張良的勸諫，劉邦「乃還軍霸上」。

劉邦最終能聽從樊噲、張良的勸說，在關鍵時刻抵制住了金錢和女色的誘惑，此事對歷史的影響不小。項羽陣營裏的范增就因為看到劉邦進入咸陽後財

物無所取，婦女無所幸，便知道其志不在小，有爭奪天下的雄心。事實也是如此，劉邦跟常人一樣貪財好色，他之所以能暫時壓制住享樂的慾望，在於他為了未來的大目標肯放棄眼前的享樂。經過此事之後，劉邦與關中父老「約法三章」，廢除秦朝苛法，約束軍隊不得侵害百姓，努力打造「仁義之師」的形象。這些爭取民心的舉動取得了不錯的成效，劉邦得到了關中百姓的真心擁護，這是他後來與項羽爭奪天下的政治資本。若他當初不聽樊噲、張良的勸阻，進入咸陽後就縱情享樂，那他肯定會失去民心，哪裏還有本錢與項羽爭奪天下。

言聽計從

公元前 203 年，劉邦與項羽爭奪天下進入關鍵階段。此時，劉邦和項羽在滎陽一帶長期拉鋸、對峙，可韓信在北線取得了輝煌的戰果，一路攻下了魏國、趙國、燕國和齊國。攻下齊國後，韓信派使者來跟劉邦說：「齊國這個地方的百姓偽詐多變，不好管理，請你立我為『假齊王』，這樣才能震懾住他們。」

接到韓信的「要官」請求後，劉邦非常生氣，大罵韓信，說：「我現在正處於困境之中，早晨晚上都盼着你來幫助我，可你卻想自立為王。這也太不靠

譜了！」

聽這口氣，劉邦大有與韓信翻臉的架勢。

此時，張良、陳平輕踢劉邦的腳，提醒他說話注意，並且附在他耳邊說：「我們現在形勢不利，哪裏還能禁止韓信自立為王？不如答應他封王的請求，善待他，讓他守好齊國的地盤。如果不答應他，一旦韓信叛亂，那問題可就嚴重了。」

一經提醒，劉邦立馬醒悟過來，說話雖然仍罵罵咧咧，但方向徹底變了，他說：「你韓信替我平定了諸侯，我要封就封你真王，幹嘛還帶個『假』字。」

隨後，劉邦派張良帶着齊王印，去立韓信為齊王，順道「徵其兵擊楚」。

劉邦這次聽從張良、陳平的意見，封韓信為齊王，實屬明智。如果劉邦此時不好好籠絡住韓信，那他根本就無法在楚漢相爭中取勝。當時，楚漢相爭的最終勝負幾乎取決於韓信。韓信忠於漢，則劉邦勝；韓信倒向楚，則項羽勝；韓信誰也不依附，自立為王，那可能就天下三分、三足鼎立了。

定都爭議

公元前 202 年，劉邦徹底擊敗項羽，登基當上皇帝，建立了漢朝。最初，劉邦想把都城定在洛陽，關

鍵時刻，又有人提出了不同意見，這個人叫婁敬。他說：「陛下你建都洛陽，難道是要跟周朝比試一下興隆嗎？」

劉邦說：「是的，我就是這麼個意思。」

婁敬說：「那陛下你取天下的方式可跟周朝不同。」

然後，婁敬告訴劉邦，周朝的先祖從后稷開始，積累德政善事十幾代。到公劉時，為避開夏桀的暴政而遷到豳地（今陝西旬邑縣西）居住。後來又受到狄人侵擾，古公亶父又離開豳地，移居到岐山（今陝西岐山縣），百姓爭相跟着他到了岐山。到了周文王做西方諸侯之長時，他妥善解決了虞國和芮國的爭端，從此成為稟受天命、統治天下的人，賢能之士呂望（即姜子牙）、伯夷等人自海邊來歸附於他。周武王討伐殷紂時，自動到孟津（今河南孟津縣）會盟的諸侯就有八百，大家都說可以討伐殷紂了，於是才滅掉了商朝。周朝的君主是靠德行來立國的，有德行就稱王天下，沒德行就容易滅亡。凡是建都洛陽的，都要像周朝一樣才可以。周朝鼎盛之時，天下和睦，四方各族仰慕周天子的道義，感念他的恩德，紛紛進獻貢物和賦稅，臣服周朝。到了周朝衰敗的時候，天下沒誰再來朝拜，周天子就不能控制天下了。此時，不是周朝的恩德太少了，而是實力太弱了。

講完周朝，婁敬又總結劉邦取得天下的過程。他說：「陛下你從沛縣起事，召集三千士卒，帶着他們征戰，一路席捲蜀、漢地區，平定了三秦，隨後又與項羽在滎陽交戰，爭奪成皋之險，大戰七十次，小戰四十次。在整個戰爭的過程中，天下百姓血流成河，父子枯骨暴露在荒郊野外，悲慘的哭聲不絕於耳，傷病殘疾的士兵欲動不能。這種奪天下的情況與周朝成王、康王的興盛之時是不能相比的。周朝是靠德行取天下的，陛下你是靠暴力取天下的。靠德行取天下的，可以定都無險可守的洛陽，靠暴力取天下的就應該定都有險可守的關中。你看秦朝的關中之地，有高山保護，有黃河環繞，四面邊塞均可作為堅固的防線，即使突然有了危急情況，也有險可守。關中有秦國原來的好底子，還有肥沃的土地作為糧倉，這就是所說的形勢險要、物產豐饒之地啊。陛下何不西進函谷關，把都城建在關中？把都城建在關中，即便崤山以東有禍亂，秦國原有的地方也是可以保全的。與別人搏鬥，不掐住他的咽喉，擊打他的後背，是不能完全獲勝的。陛下進入函谷關內建都，控制着秦國原有的地區。這就等於掐住了天下的咽喉並擊打它的後背。」

婁敬這麼一說，劉邦也覺得有道理，就徵求大

臣意見，說：「這裏有兩種定都方案，你們看看哪個好？」

大臣都是崤山以東的人，都願意把都城建在離自己老家近的地方。於是他們說，秦朝建都在關中，結果二世而亡。可見還是建都洛陽為好。

兩種方案各有道理，劉邦也猶疑不決。

猶豫不決怎麼辦呢？問張良。

張良指出：洛陽周圍的平原面積狹小，田地也不如關中土地肥沃，四面受敵，「此非用武之國也」，對靠武力建國的王朝來說，它確實不適宜做都城。關中左邊有崤山和函谷關，右邊有隴山和岷山，沃野千里，土地肥沃；南面是富饒的巴蜀之地，北面是匈奴人的牧場，這樣的地理位置十分優越，三面都有天險可守，只有東方一面用來應付諸侯。如果東方諸侯安定，可以通過黃河與渭河的水路把天下的糧食運過來；如果「諸侯有變」，他們叛亂了，也可「順流而下」，靠着黃河和渭河的水道來運輸兵馬、糧草。因此，理應把都城建在關中，這裏確實是「天府之國」，所以他非常贊同婁敬的意見。

聽張良這麼一分析，劉邦立馬拍板，建都關中。當日就乘車西行，把都城移到了關中，建都長安。劉邦決策之果斷，行動之高效，由此可見一斑。

為了表彰婁敬提出定都關中的建議，劉邦賜婁敬改姓劉，更名為劉敬，還拜為郎中，號為奉春君。

　　《漢書》概括劉邦為人的特點，說他「不修文學，而性明達，好謀，能聽，自監門、戍卒，見之如舊」。意思是說，雖然他不愛讀書學習，但生性明達，善於謀略，能聽取正確意見，還特別有親和力，跟看大門的、當兵的都能打成一片。《漢書》為東漢班固所著，裏面不免有美化劉邦的成分，但這幾句話大體靠譜，尤其是「能聽」這一點，確實是劉邦的一大優點，甚至說是他的看家本領。

劉邦的心理陰影

　　說起劉邦的心理陰影，很多人都會想到項羽。

　　沒錯，項羽是劉邦強勁的對手。在爭奪天下的過程中，項羽多次打敗劉邦，有時甚至使其陷入絕境。

項羽、大嫂

　　有一個細節很能說明劉邦對項羽的忌憚。公元前196年，英布造反，劉邦帶兵討伐。公元前195年，劉邦大軍與英布的軍隊在蘄西（今安徽宿縣南）相遇。英布的軍隊十分精銳，劉邦只得固守庸城。他看見英

布的排兵佈陣非常像項羽，就非常厭惡。這個細節就充分暴露了項羽給劉邦造成的巨大心理陰影。也就是說，即便在項羽死後，劉邦都當上了皇帝，他仍對項羽心有餘悸。

英布與韓信、彭越並稱漢初三大名將，他曾與項羽一塊合擊秦將章邯，後來還被項羽封為九江王。因此，英布排兵佈陣像項羽一點也不奇怪。對此，劉邦也是心知肚明，他之所以「惡之」，完全是自己心理陰影面積過大所致。

劉邦的心理陰影遠不止項羽一處，就連他的大嫂都是其中之一。

劉邦早年遊手好閒，不幹正經的謀生之事，經常帶些狐朋狗友到大嫂家去蹭飯。次數多了，大嫂就很討厭這個小叔子。有一次，大嫂又見劉邦帶着幾個人往自己家走，就故意用勺子刮鍋，搞得聲音很大，意思是，我們家已經吃過飯了，都刷鍋洗碗了。劉邦的小夥伴蹭飯不成，只好走了。

送走小夥伴之後，劉邦回來掀開鍋蓋一看，嫂子家飯菜俱全。此事雖小，卻給劉邦造成了巨大的心理陰影。劉邦當上皇帝後，兄弟親戚都封王封侯了，唯獨不理大嫂一家。老爸劉太公提醒他，劉邦說：「封侯這麼的大事，我怎麼會忘呢？是因為大嫂當初待我太

刻薄。」後來，劉邦才勉強封大嫂的兒子為羹頡侯（羹頡是刮鍋的意思），意思是你媽當年就用刮鍋的辦法羞辱過我。

劉邦的這段經歷與蘇秦非常相似。蘇秦原來也是個窮小子，早年拜鬼谷子為師，外出遊歷多年，毫無收穫，「大困而歸」。結果，兄弟嫂妹都譏笑他，可謂飽受冷嘲熱諷，遍嘗世態炎涼。蘇秦也大受刺激，發憤讀書，頭懸梁，錐刺股。後來他以合縱之術遊說成功，實現了人生逆襲。發跡之後，他從楚國北上趙國，經過老家洛陽，此時他「佩六國相印」，聲名顯赫，各諸侯國都派使節護送蘇秦，他出行的排場與國君差不多。家人對他的態度也一下子來了個一百八十度的大轉變。蘇秦以前潦倒的時候，大老遠地從齊國回來，妻子、嫂子連飯都不給做，現在居然「蛇行匍伏」。

蘇秦笑謂其嫂說：「你以前對我那麼傲慢，現在又對我如此謙卑，我有點不理解，麻煩嫂子告訴我好不好呀？」

嫂子的回答也很直接，說：「因為你現在地位尊貴，而且還有很多錢。」

聽了嫂子的回答，蘇秦的慨嘆可以說是對世態炎涼的極佳概括，你在貧窮之際，連親生父母都不拿你

當兒子看待；待富貴之後，連親戚都懼怕你。

人在窮困潦倒時有時會受到歧視，「傷自尊」。如果說被外人傷自尊心理陰影面積尚小的話，那麼遭受親人的故意羞辱就會留下極大的心理陰影面積。不幸的是，蘇秦經歷過這樣的事，劉邦也經過這樣的事，嫂子都是他們早年時期一個巨大的心理陰影。

白登山之圍

項羽和大嫂之外，匈奴也給劉邦造成了巨大的心理陰影，這就是著名的白登山之圍。

公元前 200 年，劉邦在晉陽（今太原）聽說冒頓單于在代谷（今山西繁峙及舊崞縣一帶），便打算進攻匈奴，遂派人偵察匈奴動向。

冒頓單于故意將精銳部隊和肥壯的牛馬藏起來，只讓劉邦的使者看見老弱的士兵和羸弱的牲畜。結果劉邦的使者果然中計，他們回去都跟劉邦說可以派兵攻打匈奴。劉邦拿不準，又派劉敬出使匈奴。可是，還沒等劉敬出使回來，劉邦就率三十二萬大軍向北進攻匈奴，並越過了句注（今山西代縣雁門關）。

追擊匈奴的過程中，劉敬出使回來了，他跟劉邦說：「兩國打仗，正常的情況都是誇耀自己的武力，讓對方看到自己的精兵強將。可現在我出使匈奴，只看

到他們的老弱士兵和瘦弱牲畜，這是冒頓單于在用誘敵深入之計，意在等我軍深入之後，他好用伏兵包圍我們。」

當時，漢軍已經出發了，劉邦非常憤怒，就罵劉敬說：「你本是個齊國的俘虜，靠着能說會道當了官，沒想到今天竟然胡說八道，滅我軍威風，長他人志氣。」罵完就把劉敬給扣押在了廣武，意思是等我打了勝仗回來再收拾你。

劉邦帶着先頭部隊趕到了平城（今山西大同），大部隊尚未趕到。冒頓單于抓住戰機，縱精兵四十萬騎，將劉邦圍困在白登山七天，漢軍陷入包圍之中，內外不能相顧，連飯都吃不上了。

最後，劉邦還是採用了陳平的「秘計」才得以解圍。此事之後，劉邦一直不敢再與冒頓單于統領的匈奴正面交鋒。這回他也知道罵劉敬罵錯了，遂接受了劉敬的建議，與匈奴和親。

白登山之圍不但給劉邦造成了嚴重的心理陰影，而且也在相當長的時間裏影響了西漢與匈奴的外交關係。公元前 195 年，劉邦駕崩。冒頓單于寫信給呂后說：「我現在是一個孤獨寂寞的君主，生於沼澤，長在草原，我多次到邊境來，希望能到中原遊覽一番。陛下您現在也死了老公，一個人孤獨寂寞地居住，我們

兩個寡居的君主都很不快樂，無以自娛，乾脆我們兩人結合算了。」

呂后讀了冒頓單于的信之後，感覺受了奇恥大辱，「大怒」，召集丞相陳平以及樊噲、季布等人商議，想殺掉冒頓單于的使者，發兵進攻匈奴。

樊噲說：「我願意率十萬精兵去討伐匈奴，給你出了這口惡氣。」

再徵求季布的意見，季布說：「樊噲這麼說話真該殺。然後就解釋說，不久以前陳豨還勾結匈奴在代地造反，這事大家都知道。再說當年，匈奴將高祖圍困在了平城。當時漢兵有三十二萬之多，樊噲也是軍中的上將軍，他不能解圍。有歌曲描述當時的困境：在平城被圍困的時候真苦呀，七天吃不上飯，連拉滿弓弩的力氣都沒有了。現在，這首歌的旋律還縈繞在耳畔，當時受傷的將士才剛剛傷癒，而樊噲竟然還想再次發動戰爭，還妄言率十萬精兵就可打敗匈奴，這不是等於信口開河了嗎？而且，匈奴人就跟禽獸差不多，我們聽到他的好話不值得高興，聽到他的惡言也不值得發怒。」

聽季布這麼一說，呂后明白過來了，說：「善！」然後讓大謁者（官名，掌賓讚受事）張澤給冒頓單于寫了封回信，言辭極其謙卑，說：「單于沒有忘記敝

國，還跟發來書信，我們誠惶誠恐。只是，我年老氣衰，頭髮牙齒都已脫落，走路也不穩，不值得單於為我屈尊玷污自己，敝國沒有做錯甚麼，還請單于寬恕。我這裏有兩輛御車、八匹駕車的良馬，送給你，作為微薄的禮物，請你笑納。」

最終的結果是，給冒頓單于獻上了良馬，繼續與匈奴和親。此後，漢朝對匈奴一直採取和親的政策，漢文帝、漢景帝兩朝均如此。直到漢武帝之時，漢朝才改變和親政策，對匈奴開始發動大規模進攻。

易太子風波

普通人的心理陰影，一般只影響他自己及其家人的生活質量。可是，貴為皇帝的劉邦的心理陰影，其影響就能波及朝政。匈奴給劉邦造成的心理陰影，就直接影響了漢朝跟匈奴的外交關係。這個心理陰影的面積夠大了吧？可是，劉邦晚年的另一個心理陰影，其影響似乎比這還大 —— 這塊陰影直接影響了後劉邦時代的權力格局和政治生態。

甚麼事能對漢朝產生這麼大的影響？就是劉邦晚年的易太子風波。

劉邦寵幸戚夫人，這個出生在山東定陶的美人給他生了兒子，取名如意，封為趙王。有了如意兒子，

劉邦就覺得他原先跟呂雉生的太子劉盈不那麼如意了，說太子「仁弱」，仁慈到了軟弱的程度。相比之下，他覺得趙王如意更像自己。雖然他封了劉如意為趙王，但仍把他留在都城長安，想找機會將其扶上太子之位。戚夫人當然更想把自己的兒子立為太子，就利用自己受寵的便利條件，跟劉邦「日夜啼泣，欲立太子」。此時，呂后年齡已經大了，與劉邦的關係也疏遠了。受戚夫人枕邊風的影響，劉邦就一直想着廢掉太子劉盈，改立趙王如意為太子。

廢長立幼不符合王朝禮法，大臣與劉邦力爭。其中，御史大夫周昌爭得最激烈，他口吃，又盛怒，說：「臣口不能言，然臣期期知其不可！陛下雖欲廢太子，臣期期不奉詔！」朝堂之上，劉邦看着他結結巴巴說話的樣子，笑了，廢太子之事暫時不提了。呂后在東廂房側耳偷聽了劉邦與大臣的易太子之爭。退朝之後，呂后跪謝周昌，說：「如果不是你力爭，太子就要被廢掉了。」

劉邦要廢太子，呂后最為驚恐，但又不知所措。這時就有人給呂后出主意，說張良有謀略，皇上又信任他，可向他求救。於是呂后就派建成侯呂澤對張良說：「你一直以來就是皇上的謀臣，現在，皇上天天想着換太子，你怎麼還不想辦法勸阻呢？」

張良說：「當初皇上數次處於急難困苦之中，那時他採納了我的建議，幸運地渡過了危難。現在天下安定了，皇上因為寵愛戚夫人而要換太子，這是皇帝的家事。對於這種骨肉之間的紛爭，我們這些大臣想阻止也阻止不了。」

呂澤還是堅持說：「不要找藉口，你一定得出謀劃策。」

張良說：「這事光靠用口舌去諍諫是不管用的。」那怎麼辦呢？張良確實給出了高招，說：「顧上有不能致者，天下有四人。四人者年老矣，皆以為上慢侮人，故逃匿山中，義不為漢臣。然上高此四人。今公誠能無愛金玉璧帛，令太子為書，卑辭安車，因使辯士固請，宜來。來，以為客，時時從入朝，令上見之，則必異而問之。問之，上知此四人賢，則一助也。」張良對劉邦的心理摸得很透，他知道劉邦非常看重這四個隱士，即商山四皓。可是，這四個人因為劉邦輕慢士人而不肯做漢臣。張良就拿這事做文章，讓太子卑辭厚禮去請商山四皓。如果商山四皓能做太子的門客，就請他們四人跟太子一塊上朝，讓劉邦看見。這樣才有利於鞏固太子的地位。

呂澤果然請商山四皓做了太子的門客。

公元前 196 年，英布謀反。當時，劉邦正在生

從左至右：趙王劉如意、戚夫人、漢高祖、呂后、漢惠帝劉盈。

病，就想派太子帶兵去攻打英布。商山四皓知道此事後立馬出主意，說：「太子帶兵出去平叛，事情就危險了。太子帶兵打仗，立了功勳對繼承皇位也沒幫助，一旦失敗了卻要惹禍上身。」太子所要統領的諸將，都是跟皇上一起打天下的猛將。讓太子去統領他們，就像讓綿羊去統領惡狼，他們肯定不聽太子的調遣，太子出征失敗幾乎是一定的。然後，商山四皓又建議呂后找機會去跟劉邦哭訴，把這番道理說給他，還要跟劉邦說：「上雖病，強載輜車，臥而護之，諸將不敢不盡力。」

呂后聽從了商山四皓的指點。劉邦果然改變了讓太子帶兵出擊英布的決定，改由自己抱病親征。

就在攻打英布的過程中，劉邦「為流矢所中」，「病甚」，本來就有病，這下病得更厲害了。病重之際，他還想廢掉太子，改立趙王如意。這次，就連張良勸諫都不聽了。當時，叔孫通是太子劉盈的老師，他以死勸諫，跟劉邦說：「你要非得換太子，請先把我殺了。」話說到這個份兒上，劉邦表面上答應叔孫通不換太子了，但心裏還是想換。

最關鍵的時刻，商山四皓登場了。劉邦舉行國宴，太子劉盈帶着商山四皓一塊去參加。這四個人都八十多歲以上，鬍子眉毛都白了，但是氣場極強，仙

風道骨，一看就不是凡人。平日的大臣劉邦都認識，今天突然多出這麼四個仙人一般的人，劉邦感到很奇怪，就問：「你們四個是誰呀？我咋不認識呢？」四個人上前報出了自己的身份和名字：東園公、用里先生、綺里季、夏黃公。

劉邦一聽，這不就是傳說中的商山四皓嗎？他非常震驚，說：「我曾經請四位出來輔佐我，你們逃避了，不肯做漢臣。現在四位老人家為何竟然肯跟我兒子交遊，願意輔佐他？」

商山四皓回答說：「陛下你輕慢士人，還愛罵人。我等堅決不肯受這樣的侮辱，因此就逃到山裏藏了起來，不肯為漢臣。現在，太子有仁孝之德，對待士人有恭敬、愛護之心，天下之人都願意為太子效命，所以我們四個就來了。」

劉邦說：「那就麻煩四位老先生好好地調教、輔佐太子吧。」

商山四皓給劉邦敬過酒之後就離去了，離開時，劉邦一直目送着這四個老人離開大殿。然後他召戚夫人，指着商山四皓的背影說：「我是想要換掉太子，可連商山四皓這樣的老先生都輔佐太子，這說明太子羽翼已豐，難以撼動他的地位了。」

戚夫人一聽，知道自己兒子當不上太子了，就再

次流下了傷心的淚水。

為了安慰戚夫人，劉邦說：「別哭了，你給我跳一段楚國舞蹈，我給你唱楚國的歌曲。即便是表達傷心之情，除了哭泣，不是也可以唱歌跳舞嗎？」

想當年，項羽被圍困在垓下，不也是慷慨悲歌嗎？項羽當年唱的是：「力拔山兮氣蓋世，時不利兮騅不逝。騅不逝兮可奈何，虞兮虞兮奈若何！」

現在，該輪到劉邦慷慨悲歌了。他的歌曲是這樣唱的：「鴻鵠高飛，一舉千里。羽翮已就，橫絕四海。橫絕四海，當可奈何！雖有矰繳，尚安所施？」

結果，「歌數闋，戚夫人歔欷流涕」。戚夫人無可奈何，哭得稀裏嘩啦。劉邦唱完之後起身離開，結束了酒筵。他竟然真的就不換太子了。

在我看來，劉邦為戚夫人所唱之歌，也是慷慨悲歌，與當年項羽在垓下的慷慨悲歌大有可比。兩首歌流露出的都是無盡的悲涼與無奈，項羽有蓋世之勇，但在遭遇十面埋伏時也是無可奈何，只有戰敗身死。劉邦雖然貴為大漢天子，但在選接班人的問題上也得遷就各方勢力。他想換太子，可現在的太子羽翼已豐，不是想換就能換的了，他也只能接受這個現實。

劉邦想換太子，未必是因為趙王如意多麼優秀——當時趙王如意只有十歲，還是個小孩。我覺得

最大的可能是愛屋及烏——由於他寵愛戚夫人而延及趙王如意。他其實是太想給自己心愛的女人及她的兒子一個最好的交代。而最好的交代當然就是讓趙王如意當太子，這樣，戚夫人以後就可順理成章地當上太后。可惜的是，劉邦的這個想法在經過一系列複雜的政治鬥爭之後，最後被商山四皓仙風道骨的背影擊碎。

殘酷的政治鬥爭

易太子風波好像結束了，其實沒有。更慘烈的鬥爭還在後頭。

沒能讓趙王如意當上太子，可以說是劉邦晚年最大的心病。為甚麼呢？經過易太子風波，呂后與戚夫人結下了很深的仇怨。憑着對呂后的了解，劉邦知道她在自己死後會加害戚夫人和趙王如意。自己活着，自己是這對母子的保護傘；自己死了，誰還有能力保護這對母子？這個問題給劉邦造成了巨大的心理陰影。對於自己心愛的女人和她的兒子，不能讓他們將來貴為太后、皇帝，總得讓他們未來免於屠戮吧？

可是，這個問題劉邦也沒做到。

劉邦對戚夫人和趙王如意的政治安排是這樣的：他選周昌做趙相。這麼做的深意在哪裏？其一，周昌非常正直，是公認的模範大臣，讓他輔佐趙王如意，

劉邦自己放心；其二，當年要廢掉太子劉盈時，周昌曾力爭，呂后還為此跪謝周昌。周昌對呂后和太子有恩，呂后日後若想加害趙王如意，周昌挺身相救，呂后或許會給周昌面子；其三，周昌是御史大夫，素受朝臣敬重，在朝廷有極高的聲望和廣泛的人脈。有周昌輔佐趙王如意，趙王與朝廷方方面面打交道也方便些。

從這番煞費苦心的安排中，我們可以窺探到易太子風波給劉邦造成了多麼巨大的心理陰影。可是，劉邦的安排奏效了嗎？有了周昌的保護，戚夫人和趙王如意真的就能安全嗎？

顯然不能。真實的歷史無情地嘲弄了劉邦。他對戚夫人和趙王如意的政治安排在呂后的殘酷陷害面前簡直不堪一擊。

劉邦駕崩後，太子劉盈繼承皇位，是為漢惠帝，呂后順理成章地成了呂太后，並迅速掌握了朝廷大權。掌權之後，呂太后立即報復戚夫人，將其囚禁在宮廷的監獄永巷中，剃掉戚夫人的頭髮，讓她穿上紅褐色的囚服舂米。遭到殘酷逼害的戚夫人一邊舂米一邊唱歌：「子為王，母為虜，終日舂薄暮，常與死為伍。相離三千里，當誰使告汝。」

囚禁了戚夫人之後，呂太后隨後召趙王如意入

朝。周昌也確實想保護趙王如意，呂太后派使者召趙王三次，都被周昌擋駕了，說：「趙王年少，高帝託付老臣我保護他。我聽說太后怨恨戚夫人，想要召趙王入朝，將他們母子一起殺掉，我不能讓趙王入朝。而且，趙王正生病，不能奉詔入朝。」

當年跪謝過周昌的呂后現在變成了呂太后，身份一變，翻臉不認人。她聽說周昌阻止趙王如意入朝，「大怒」，隨即派使者召周昌入朝 —— 你不讓趙王入朝，那你自己來吧！周昌自己沒有理由不奉詔入朝，只好從趙王如意的身邊回到了長安。待把周昌從趙王如意的身邊調離後，呂太后再召趙王如意入朝。這回沒周昌擋駕了，趙王如意只好入朝。

漢惠帝劉盈仁慈，想保護趙王如意，就先到霸上，將趙王如意接到自己的宮中，與這個弟弟一起飲食起居。如此一來，呂太后想殺趙王如意，卻一直沒機會。人家在皇宮中，又跟着皇帝哥哥一塊飲食起居，呂太后怎麼下手？

可是有一天，漢惠帝早晨起來外出射箭健身。趙王如意年齡小，貪睡，沒有跟着皇帝哥哥一塊早起健身。就這一會兒的工夫，呂太后就動手了，她立即派人用鴆酒毒死了趙王如意。等漢惠帝晨練回來後，發現趙王如意已經死了。

毒死趙王如意後，呂太后砍掉了戚夫人的手腳，挖去了眼睛，熏聾了耳朵，還給她吃了變啞的藥，讓她住在廁所裏，說是「人彘」，也就是「人豬」的意思。更惡毒的是，幾天之後，她還召漢惠帝去觀看「人彘」。漢惠帝見後一問才知，所謂的「人彘」竟然是曾經深受自己父親寵愛的戚夫人！

　　漢惠帝萬萬沒想到自己的母親竟然這麼殘忍，心理受刺激太大了，「乃大哭」，病了一年多。他派人跟呂太后說：「此非人所為。臣為太后子，終不能治天下。」漢惠帝本來以仁孝著稱，可呂太后確實太殘忍了，竟惹得仁孝的兒子說出這麼絕情的話。此後，漢惠帝天天飲酒淫樂，「不聽政」，失去了當皇帝的興趣，身體健康也隨之毀掉。六年之後，漢惠帝駕崩，年僅二十二歲。至此，劉邦晚年易太子的心理陰影演變成了一場巨大的宮廷悲劇。

　　悲劇並沒有徹底結束。為了將大權牢牢地控制在自己手裏，呂太后在逼害完戚夫人和趙王如意後，又將陷害、殺戮的對象轉移到劉邦的其他子侄身上。劉氏宗室及諸多元老功臣相繼遭到殘酷打擊和血腥清洗。

　　劉邦晚年對戚夫人和趙王如意人身安全的擔憂不但全部變成了現實，而且還被擴大了若干倍。可以說，劉邦晚年易太子的心理陰影，經過一次次發酵，

變成了西漢一場殘酷的宮廷爭鬥，此事不但導致了戚夫人和趙王如意的慘死，而且還開啟了西漢外戚擅權的序幕。

文景之治：當皇權肯於無為而治

整個西漢的政治史，大體上可分為以下幾個時期：王朝的建立期，也就是從劉邦登基稱帝到他駕崩這個階段，即公元前 206 年到前 195 年；王朝的鞏固期，包括呂后統治的時期及隨後的文景之治，從公元前 195 年到前 141 年；王朝的強盛期，即漢武帝統治時期，從公元前 141 年到前 87 年；王朝的中興與過渡時期，即漢昭帝和漢宣帝時期，從公元前 87 年到前 49 年；最後是王朝的衰落期，包括漢元帝、漢成帝、漢哀帝、漢平帝時期，從公元前 49 年到公元 9 年西漢滅亡。

漢王朝的建立期

漢王朝的鞏固期與劉邦建漢初期的情況密切相關。劉邦從建立漢朝直到駕崩，其政治功業主要有三：一、繼承秦朝的帝國體制，創建一個奉行簡約主義的政府並確立各項制度，史書上的說法是：「漢興，

蕭何次律令，韓信申軍法，張蒼為章程，叔孫通定禮儀。」二、以平叛的名義東征西討，剪除異姓王。滅掉異姓王之後，劉邦「內任外戚，外封宗室」，以期將權力牢牢地控制在劉氏家族之手。三、在對外關係上，進攻匈奴失敗，隨後不得不採取和親的政策。

劉邦駕崩之後，呂后控制了朝政大權。她置劉邦生前與功臣立下的非劉姓不得為王，非有功不得封侯的盟誓於不顧，大肆封呂氏子弟為王、為侯，同時還對劉氏宗室大開殺戒。史書上稱呂后統治期間為「諸呂之亂」，意思是說，呂氏外戚製造了朝政上的種種黑暗。不過，史學家也承認：「高后女主稱制，政不出房戶，天下晏然。刑罰罕用，罪人是希。民務稼穡，衣食滋殖。」可見呂氏之亂，其危害僅限於高層之間的權力爭鬥，並未波及平民百姓，國家的總體實力繼續發展。

呂后死後，呂氏家族迅速被消滅。在此之後，漢朝迎來一段備受讚譽的階段：文景之治。文景之治是中國歷史上著名的盛世之一，對此，《史記》的〈平準書〉有一段經典的概括：「漢興七十餘年之間，國家無事，非遇水旱之災，民則人給家足，都鄙廩庾皆滿，而府庫餘貨財。京師之錢累巨萬，貫朽而不可校。太倉之粟陳陳相因，充溢露積於外，至腐敗不可食。眾

庶街巷有馬，阡陌之間成群，而乘字牝者儐而不得聚會。守閭閻者食粱肉，為吏者長子孫，居官者以為姓號。故人人自愛而重犯法，先行義而後絀恥辱焉。」意思是說，漢朝通過七十多年的持續建設，國家無大事，只要不遇到水旱災害，老百姓就會家給人足，國家積聚的錢幣千千萬萬，以致穿錢的繩子爛了，無法計數，國家倉庫的糧食大囷小囷如兵陣相連，有的露積在外，以至腐爛不能食用。普通街巷中的百姓也有馬匹，田野中的馬匹更是成群，以至騎母馬的人都會受到歧視，不好意思參加聚會。居住里巷的普通人也能吃上肥肉，為吏胥的老死不改任，做官的以官為姓氏名號。在這樣的盛世裏，人人知道自愛，崇尚禮義，不願意幹作奸犯科的事。

　　文景之治的盛世局面，固然與漢文帝、漢景帝兩朝的開明統治密不可分，但若將此全部歸於這兩人的名下，似也不盡然。原因就在於，自劉邦建立漢朝以來，一直奉行無為而治的治國理念，最能說明這一點的，莫過於「蕭規曹隨」的典故，曹參當上丞相之後，一切都按照前任蕭何訂立的規則去辦，絕不為了自己刷存在感就瞎折騰，打着創新的旗號改變前任的政策。可以說，西漢自建立之時起便奉行無為而治的執政理念，這個理念持續沿用了七十多年之後，在文

帝、景帝兩朝結束時結出了豐碩的果實，這個果實就被後人命名為文景之治。

漢文帝治下的漢王朝

針對文景之治，有史學家指出：「有為之治求有功，無為之治則但求無過。雖不能改惡者而致諸善，亦不使善者由我而入於惡。一統之世，疆域既廣，政理彌殷。督察者之耳目，既有所不周，奉行者之情弊，遂難於究詰。與其多所興作，使奸吏豪強得所憑藉，以刻削下民，尚不如束手一事不辦者……故歷代清靜之治，苟遇社會安定之除，恆能偷一日之安也。」這段話道出了無為而治理念的精髓：民間本有安居樂業之本能，有求富求強求仁之動力，兼有創業創新之衝動，只要帝國的權力不過多干預，給民間以充分發展的空間，假以時日，「人給家足」的局面就一定會出現了。

當然，文帝和景帝的功勞也是不可磨滅的。文帝是歷史上有名的仁德君王，他所施行的諸多仁政也確實是可圈可點。

漢文帝劉恒是劉邦的第四個兒子，他的母親薄姬最初是魏王魏豹的臣妾。楚漢戰爭初期，魏豹附漢而又叛漢，後被韓信、曹參擊敗。薄姬由此成了

漢軍的俘虜，被送入織室織布。劉邦見薄姬有些姿色，遂納入後宮，並生下了劉恒。劉恒在八歲時被封為代王，並在治理代地的過程中贏得了「寬厚仁慈」的美名。

劉恒當上皇帝之後，首先封賞誅滅諸呂有功的大臣。封周勃為右丞相，陳平為左丞相，灌嬰為太尉，隨他從代地入朝的宋昌等人也得到了較高的封賞。隨後他又通過平衡功臣與劉氏宗室的權力，鞏固了自己的政權。他很快立長子劉啟為太子，同時，立竇氏為

漢文帝劉恒（公元前 202—前 157），
漢高祖劉邦之子，以代王入為皇帝。

皇后。從這些舉措中，我們可以看出文帝沉靜性格之下的幹練和老道，他仁慈而不懦弱，理性克制而不優柔寡斷。

當然，文帝最受稱道的就是他的寬儉待民。他歷來節儉，曾想建造一座露台，但一算要花掉十戶中等人家的財富，就取消了修建計劃。漢文帝生活十分節儉，宮室內衣服很少添置，即便對他寵愛的慎夫人，也令她「衣不曳地，帷帳無文繡」。他為自己修建的霸陵，「不得以金銀銅錫為飾」，用的全是瓦器，墳墓也「因其山，不起墳」，就着山勢而建，不用人工將墳墓修建得高高大大，可以說一切都本着節儉的原則，以省錢省力為目的。漢文帝靠着自己厲行節儉、愛惜民力的作風，確實壓縮了國家開支，減輕了人民的負擔；漢文帝還重視農業，多次下令勸課農桑，獎勵努力耕作的農民，曉諭百官關心農桑。漢文帝曾兩次「除田租稅之半」，一度把原來「十五稅一」的田稅降為「三十稅一」。公元前 167 年，他還下令全免田稅。這些輕徭薄賦的政策無疑大大有利於百姓和國家的休養生息。

最令人感動的是，漢文帝臨死之際仍不忘節儉和愛惜民力的美德。他特意留下遺詔說：「我聽說天

下萬物有生就有死，死是世間的常理，萬物的自然歸宿，有甚麼值得過分悲哀呢？當今世人都喜歡活着而不樂意死去，死了人還要厚葬，以致破盡家產；親人死去之後，活人還要加重服喪以致損害身體。我認為這些都是不可取的。況且我生前沒甚麼德行，沒有給百姓帶來多大的恩惠，現在死了，還要讓人們加重服喪、長期哭吊，讓天下的父子為我悲哀，這樣只會加重了我的罪過，我怎麼向天下人交代呢！我當皇帝至今已二十多年了，我憑着天地的神靈、祖先的福德，才使國內安寧，沒有戰亂。我時常擔心行為有過錯，使先帝遺留下來的美德蒙受羞辱。我如今僥幸享盡天年，被供奉在祖廟裏享受祭祀，能有這樣的結果，我已經很滿足了，哪裏還有甚麼可以悲哀的呢！我現在詔令全國官吏和百姓，我死去之後，百姓哭吊三日就除去喪服。不要禁止百姓娶妻、嫁女、祭祀、飲酒、吃肉。應當參加喪事、服喪哭祭的人，都不要赤腳。服喪的麻帶寬度不要超過三寸，不要陳列車駕和兵器，不要動員民間男女到宮殿來哭祭。宮中應當哭祭的人，都在早上和晚上各哭十五聲，行禮完畢就可以了，不是早上和晚上哭祭的時間，不准擅自哭泣。下葬以後，按喪服制度應服喪九個月的大功只服十五

日，應服喪五個月的小功只服十四日，應服喪三個月的緦麻只服七日，期滿就脫去喪服。其他不在此令中的事宜，都參照此令辦理。要把這道詔令通告天下，使天下人都明白我的心意。葬我的霸陵周圍山水要保留其原來的樣子，不要有所改變。後宮夫人以下直到少使的女子，全都讓他們回家。」

漢文帝的這道遺詔飽含着一代明君對天下蒼生的拳拳之情，其對生死的達觀和對百姓的體恤，千載之後仍讓人為之動容。

漢文帝當政期間，還有幾件事幹得比較漂亮。

其一，漢文帝自己帶頭，模範守法，不以個人意志破壞法律規定。一次，漢文帝出行，路過渭橋，有人在橋下走出，御駕上的馬受驚而跑，文帝自己也受到了驚嚇。文帝很生氣，要求廷尉張釋之處死驚嚇了御馬的人。可是張釋之卻只判處此人罰金四兩。他向文帝解釋說，這種處罰是法律上規定的。法律是天子和天下人共同制定的，如果我們輕易地改變法律，就會使人們失去對法律的信任，所以不能處死此人，只能依照法律來判決罰金之罪。漢文帝聽後說，「廷尉當是也」，認為張釋之做得對。

其二，文帝下詔重新制定法律，廢除了「收孥相

坐法」，即一個人犯罪不再連累他的家人。此外，還下令廢除了黥、劓、刖、宮四種殘損肢體的肉刑。有名的「緹縈救父」的典故就發生在漢文帝時期。

其三，漢文帝還於公元前178年下詔廢除了誹謗、妖言之罪，以鼓勵進諫。他這段詔文寫得非常好，說：「古之治天下，朝有進善之旌，誹謗之木，所以通治道而來諫也。今法有誹謗、妖言之罪，是使眾臣不敢盡情而上無由聞過失也，將何以來遠方之賢良！其除之，民或祝詛上以相約，結而後相謾，吏以為大逆。其有他言，吏又以為誹謗。此細民之愚，無知抵死，朕甚不取。自今以來，有犯此者，勿聽治。」意思是說，古代賢君治理天下都鼓勵進諫，可現在的法律卻還有誹謗、妖言的罪名，這會導致眾臣不敢盡情發表意見，而皇帝也不能聽到自己的過失。還保留着這條法律，怎麼能招來遠方的賢者？老百姓中有的人詛咒皇上，他們自己也相互謾罵，官吏就以為他們大逆不道。老百姓有其他對朝廷不滿的言論，官吏也認定他們誹謗朝廷，並判處重罪。其實，這不過是一些平民百姓愚昧無知罷了，他們因此就要被處死，我覺得這實在不應該。從今以後，對這樣的百姓就不要治罪了。漢文帝能果斷地廢除了因言獲罪的法律，確

實體現出了一代明君的不凡氣度。

此外，漢文帝還廢除了「盜鑄私錢令」，原來歸屬國家的山林川澤，漢文帝也下令開放給民間了，百姓有願意來採伐、開礦的，那就來吧。總之，政府能不管的就一律不要管，全面貫徹無為而治，大搞「簡政放權」。

漢景帝治下的漢王朝

漢景帝在道德水平上不如父親漢文帝高，但他在位期間繼續推行無為而治的執政理念。他在統治期間進一步加強了中央集權，大力削藩。在平定七國之亂後，諸侯王國控制的郡由漢高祖時的四十二郡減為二十六郡，而中央直轄的郡由漢高祖時的十五郡增加至四十四郡，漢王朝中央的郡數遠遠超過了諸侯王國的郡數，這對帝國的鞏固意義重大。漢景帝在削藩的同時，還逐漸削弱諸侯國的權力，收回諸侯國的官吏任免權，還從諸侯國的手中收回了鹽鐵銅等礦產的稅收權，諸侯國僅保留「食租稅」之權。如此一來，諸侯國的權力被削弱了，而漢王朝的權力則得以大大鞏固。

文景之治是中國歷史上第一個太平盛世，它主要是通過奉行無為而治的執政理念，以輕徭薄賦、減輕

風俗移易人民富庶 蓋導彝倫常永終譽

漢景帝

漢景帝劉啟（公元前 188—前 141），漢文帝之子。
繼續實行文帝的與民休息政策。與其父文帝統治時
期合稱文景之治。

百姓負擔的治理手段而取得的。無為而治不是無所事
事、放任自流，而是凡事量力而為，順勢而為，不瞎
折騰，不擾民，是「簡政放權」，是帝制時代難得的
「小政府，大社會」。針對文景之治，《漢書》的〈景
帝紀〉稱：「漢興，掃除煩苛，與民休息。至於孝文，
加之以恭儉，孝景遵業，五六十載之間，至於移風易
俗，黎民醇厚，周雲成康，漢言文景，美矣！」這段
話可算是對文景之治的經典概括。

漢武帝的外向型人格

外向型人格的說法是英國心理學家丹尼爾・內特爾（Daniel Nettle）提出的。他認為外向型人格的人以主動刺激為動力，他們精力旺盛，雄心勃勃，喜歡追求刺激，渴望得到認可和讚譽，常常被興奮的感受和環境的變化推動着工作。漢武帝幾乎完全符合這些特徵。

喜歡刺激和冒險

漢武帝的出生就比較奇特，他的母親王夫人進宮之前已經嫁作金家婦，且生有一女。可王夫人之母聽算命的說女兒「命貴」，就強行將其從金家奪回，送給皇太子。王夫人與皇太子同牀後，「夢日入其懷」，夢見太陽鑽到她肚子裏了，就告訴了皇太子。皇太子說：「此貴徵也。」結果，還沒等劉徹出生，漢文帝就駕崩了，皇太子即位，是為漢景帝。王夫人隨後生子，初名彘。他從小就聰穎過人，三歲時，漢景帝抱於膝上，問：「樂為天子否？」

小劉彘信口回答說：「由天不由兒。願每日居宮垣，在陛下前戲弄。」這個表現讓漢景帝劉啟心裏很爽，覺得這個兒子不一般。

小劉彘求知慾特別強，記憶力驚人，讀古代聖賢

漢武帝劉徹（公元前 156—前 87），漢景帝之子，在位
五十四年，是中國歷史上頗有建樹的皇帝。漢武帝在位
期間，漢朝進入了鼎盛時期。

帝王的事跡，常常過目不忘，「至七歲，聖徹過人」，
漢景帝遂將其改名為「劉徹」。公元前 153 年，劉徹
被封為膠東王。同年，景帝的長子、他的異母長兄
劉榮獲封為太子。公元前 151 年，失寵無子的薄皇
后被廢。公元前 150 年，劉榮被廢掉太子之位，改
為臨江王。隨後，王夫人被立為皇后，劉徹立為太
子。公元前 141 年，漢景帝駕崩，太子劉徹即位，
是為漢武帝。

漢武帝即位時只有十六歲，他喜歡刺激，愛冒

險，常常化名為平陽侯，於夜晚出宮遊獵。第二天黎明的時候，他帶領隨從馳騁打獵，踐踏了老百姓的莊稼地，招致了怒罵。地方官吏曾想抓捕這夥人，結果他們示以乘輿之物，才免於被拘捕。

漢武帝還曾在夜晚到柏谷（今河南靈寶縣西南）這個地方住店，結果住進了一家「黑店」。店主想殺人謀財。結果，旅店的老闆娘「睹上狀貌而異之」，感覺漢武帝的相貌不一般，氣質異於常人，就對店老闆說：「這個客人不是普通人，而且他們又有防備，還是不要謀害他們了。」

店老闆不聽。老闆娘就把店老闆灌醉後綁了起來。如此一來，店老闆所召集的同夥才散走。隨後，老闆娘「殺雞為食以謝客」，好好地招待了漢武帝及其隨從。第二天，漢武帝回到皇宮，召見老闆娘，「賜金千斤，拜其夫為羽林郎」，以表謝意。

外向型人格的典型形象便是遊蕩者，即絕對不肯做宅男，一定要外出遊蕩，尋求刺激。漢武帝的表現完全符合這些特徵。他是皇帝，「為萬乘之尊」，理應注重安全，少從事冒險活動，可是他偏偏要從冒險活動中尋求刺激。他不僅愛打獵，還特別愛獵殺熊和野豬等大型猛獸。後經司馬相如上書勸諫，才有所收斂。

漢武帝精力旺盛，富有想像力，做事不拘常規。

他打算進攻西南夷，需要訓練出精良的水軍，可長安附近並沒有湖泊。他就命人鑿地蓄水，建造昆明池，用以訓練水軍。他母親在金家生有一女，是他同母異父的姐姐，此事涉及王太后的婚史，別人都有意隱匿。可漢武帝根本不管這些，親自尋訪到這個姐姐。「乘輿直入此裏，通至金氏門外止」，怕姐姐逃走，他還「使武騎圍其宅」。金家人沒見過這樣的陣勢，異常「驚恐」，他的姐姐躲藏到了床下，結果還是被找了出來。漢武帝見到姐姐後下車哭泣，說：「嚄！大姊，何藏之深也！」隨後就將姐姐接回皇宮，領着去見母親，並賜予田宅、奴婢。衛子夫原本就是一位歌妓，地位微賤，但漢武帝還是將其立為皇后；李延年的妹妹本來是娼女，但因有傾國傾城之貌，漢武帝也照樣笑納。李夫人死後，他還思念不已，作賦曰：「秋氣潛以淒淚兮，桂枝落而銷亡。」由此可以看出，漢武帝是一個感情非常豐富的人，他不願意被條條框框所束縛。他甚至可以在廁所裏見大將軍衛青。可是，面對屢屢直言上諫的大臣汲黯，他又十分謹慎，非衣冠整齊不敢相見。

開疆闢土

漢武帝即位之時，他的祖母竇太后尚在，且掌控

朝廷。直到公元前 135 年竇太后去世，漢武帝才得以親政。親政之後，漢武帝改變了國家的意識形態，以儒家思想為治國理念，「招選天下文學材智之士，待以不次之位」，社會的文化風貌為之一變。

需要說明的是，此時的儒家思想已經不是孔孟時期的儒家思想了。經過大儒董仲舒的改造，漢代儒學摻雜了諸子思想及五行相生相剋的學說，形成了一套天人感應的學說及隨之而來的讖緯之學。這是儒家思想流變的一個重要時期，對此，美國史學家費正清（John King Fairbank）認為，與其說儒家思想征服了漢代學者，不如說是漢代學者改造了儒家思想。

但不管怎麼說，儒家思想畢竟在漢武帝時期成了國家的主流意識形態。漢武帝於公元前 136 年在朝中設立了五經博士，隨後又開創太學，這些舉措使士人有了參政議政的廣闊空間，也為國家培養了大批有儒學修養的官吏。

漢武帝當政期間，繼續加強中央集權。公元前 127 年，他頒佈「推恩令」，令諸侯王將封邑分給子弟；公元前 122 年又由削藩引起了淮南王和江都王的反叛。削平叛亂後，列侯豪傑死者數萬人；公元前 112 年，漢武帝又借諸侯供奉皇室的酎金（諸侯於宗廟祭祀時隨同酎酒所獻的黃金）成色不足及數額欠

缺之故，奪爵一百零六人。至此，地方再也無力對抗中央。

與文治相比，漢武帝最大的功業還是他征討四方的武功。憑着漢王朝強大的國力，漢武帝在對外關係上一改前朝的防禦策略，轉而積極進攻。他先平定了南方閩越國的動亂，征服了現在的浙江、福建等沿海地區，隨後又吞併了現在的廣東、廣西及越南北部地區。南方平定之後，他於公元前 129 年至前 119 年的十年間連續發兵進攻匈奴，奪取了今天內蒙古的河套地區，控制了河西走廊，將漢朝的北部邊疆從長城沿線推至漠北。

在對匈奴的作戰中，漢武帝並非一味進攻，同時也在尋找一些盟友，以對付共同的敵人。他於公元前 139 年就派遣張騫出使西域，最初的目的是為了聯合西域的大月氏，一起夾擊匈奴。張騫在出使的過程中一度為匈奴人所俘虜，歷經艱辛才到達大月氏。可是，大月氏已經西遷至今天的阿富汗一帶，不想再捲入中亞的戰事。張騫於公元前 126 年返回長安，向漢武帝匯報了出使西域的過程及西域各地的風土民情。漢武帝遂對西域地區有了極大的興趣。他隨後通過軍事行動將西域併入漢朝版圖，並於公元前 121 年在河西走廊設立了武威、酒泉兩郡，後又於公元前 111 年

增設張掖、敦煌兩郡，將長城延伸至玉門關一帶。如此一來，漢朝的勢力就擴展到中亞塔里木盆地。

「內多欲而外施仁義」

漢武帝派兵東征西討，有些是必要的，有些是不必要的。即便是一些必要的戰爭，比如討伐匈奴，也不需要傾全國之力，付出那麼慘重的代價。比如，公元前119年那次進攻匈奴，漢軍取得了重大勝利，霍去病封狼居胥山（大約為今蒙古國肯特山）。可是，這次戰爭出塞前漢軍所帶馬匹十四萬，入塞時所剩不到三萬匹，損失之慘重可見一斑。此後，漢軍再也無力發動對匈奴的大規模進攻了。匈奴的人口和實力，大約只相當於漢朝的一個郡，而且其地不可耕而食，其民不可臣而畜，根本不值得花費那麼大的力氣去征討。對此，就連對漢武帝評價甚高的班固都在《漢書》的〈匈奴傳〉稱：「當孝武時，雖征伐克獲，而士馬物故亦略相當。雖開河南之野，建朔方之郡，亦棄造陽之北九百餘里。」意思是，漢武帝征伐匈奴雖然取得了軍事上的勝利，但漢朝的人力和物資損失也與匈奴大略相當。漢朝奪取了黃河以南的河套地區，在那裏建立了朔方郡，可是也不得不把造陽（今河北張家口）以北的九百餘里土地讓給匈奴。「建朔方郡」和「棄

造陽地」均發生在公元前 127 年。當時，主父偃提議要建朔方城，用作對匈奴作戰的糧草轉運基地。此事在朝廷討論時，大臣都認為不可行，但「上竟用主父計，立朔方郡」。結果，朔方郡建設之時及建成之後，「轉漕甚遠，自山東咸被其勞，費數十百巨萬，府庫並虛」。朔方郡的建設耗資甚巨，原有的國防開支越發捉襟見肘，不得已，「漢亦棄上谷之什辟縣造陽地以予胡」。整個過程等於是白忙乎了一場，勞民傷財，屬典型的「瞎折騰」。對於漢武帝的開邊戰爭，唐朝李華寫過一篇〈弔古戰場文〉，其中直言：「漢擊匈奴，雖得陰山，枕骸遍野，功不補患。」這個結論可說是諸多史學家的共識。

我覺得，漢武帝之所以不斷征伐，實乃其外向型人格的一種政治延伸。他用的不是理性思維，算的也不是經濟賬和社會賬，而是所謂的政治賬。這種政治賬往好裏說就是要一種大國威嚴，向外界宣誓犯我強漢者，雖遠必誅，往壞裏說就是漢武帝自己要通過不斷地發動戰爭，用開疆闢土的方式刷存在感。發動戰爭很刺激，戰爭取得了勝利，對漢武帝而言就是一項極大的功業，他在這種外界的「事功」中得到了榮譽和滿足。漢武帝曾對大將軍衛青說：「一不出師征伐，天下不安。」這恰好暴露了他外向型人格的一個重大

的弱點：他的內省功夫不夠，無法安心，所以就必須通過外部的不斷挑戰和刺激來消耗旺盛的精力。

漢武帝讀過古代賢君的故事，也崇尚儒家思想，他也想着做聖賢君王，可惜他的道德修為有限。不夠格怎麼辦呢？那就只好裝樣子，在外部做點表面功夫，學古代賢君的樣子，招致文學儒者，還說我要如何如何。結果諍臣汲黯一語就點中了漢武帝的死穴，他說：「陛下內多欲而外施仁義，奈何欲效唐虞之治乎！」漢武帝確實是一個「內多欲而外施仁義」的人，四處征伐正是他內心多慾多求的一種折射。

瘋狂斂財

漢武帝在位期間窮兵黷武，這是一把雙刃劍，他使漢朝的國威和國力達到了最高點，但同時也耗空了國庫，引發了財政危機，中央財政由他即位之初的「京師之錢累巨萬，貫朽而不可校」變為入不敷出。為了應對財政危機，漢武帝想盡辦法，凡是能為政府增加財政收入的招數一律採納，包括公然賣官鬻爵。這其中的一項重要措施就是實行國家鹽鐵專賣制度，把煮鹽、冶鐵、鑄造錢幣等幾項高利潤的生產、銷售活動控制在朝廷手中。稍後，他又將酒類列入國家專賣的範圍。

漢武帝還任用桑弘羊、東郭咸陽、孔僅等斂財高手做官，令其替國家斂財。這些人也果然身手了得，很會與民爭利。尤其是桑弘羊，他後來官至大農丞，掌控財權二十多年，用盡一切手段斂財，盡籠天下之貨物，貴即賣之，賤則買之，至此國家成了最大的商人，富商大賈的謀利空間被大大地壓縮。

漢武帝時期還施行「算緡告緡」的辦法，設法將商人手中的錢財搜刮到國庫之中。算緡是國家向商人徵收的一種財產稅，告緡是國家對商人隱瞞資產、逃避稅收的懲罰措施。這項措施亦從公元前 119 年開始頒佈，商人被要求主動申報財產並交納財產稅，並規定凡二緡（一緡為一千錢）抽取一算，即一百二十文（一說二百文）。而一般小手工業者，則每四緡抽取一算，這叫作「算緡」。若敢有隱瞞不報或呈報不實，查實後要罰戍邊一年，並沒收其財產。同時重獎告發，告發他人隱瞞財產者，政府賞給告發者沒收財產的一半，這叫作「告緡」。這兩項措施一開始因朝臣的反對，並沒有得到有力推行。待桑弘羊出任大農丞後，「算緡告緡」迅速在全國展開。「告緡」因有獎勵告密的實際效果，頗與儒家的「仁政」理念相抵牾，所以僅僅施行了三年就停止了。可是，僅僅三年的時間，中等以上的工商業者就因「告緡」紛紛破產，政

府沒收的土地，大縣數千頃，小縣百餘頃，此外還有大量的房屋、奴婢，大批工商業者的財產就此轉移到國庫之中。

上述「理財手段」再加上鹽鐵專賣的收益，幫助漢武帝渡過了財政危機，但付出的社會代價也極其慘重。班固在《漢書》的〈食貨志〉這樣描述漢武帝四處征伐與大肆斂財所造成的嚴重後果：「武帝因文、景之畜，忿胡、粵之害，即位數年，嚴助、朱買臣等招徠東甌，事兩粵，江淮之間蕭然煩費矣。唐蒙、司馬相如始開西南夷，鑿山通道千餘里，以廣巴蜀，巴蜀之民罷焉。彭吳穿穢貊、朝鮮，置滄海郡，則燕齊之間靡然發動。及王恢謀馬邑，匈奴絕和親，侵擾北邊，兵連而不解，天下共其勞。干戈日滋，行者賚，居者送，中外騷擾相奉，百姓抏敝以巧法，財賂衰耗而不澹。入物者補官，出貨者除罪，選舉陵夷，廉恥相冒，武力進用，法嚴令具，興利之臣自此而始。」意思是說，漢武帝憑藉着文帝、景帝兩朝積累下來的強大國力，在即位的幾年之間就連續對北方的匈奴和南方的百越等用兵，嚴助、朱買臣等人率軍救助東甌（當時閩越進攻東甌，東甌向漢求救），在廣東、廣西之間發動戰事，江淮之間的經濟負擔一下子就加重了。唐蒙、司馬相如等人為開闢西南夷，鑿

山通道一千餘里，巴蜀之地的百姓為此疲憊不堪。彭吳進攻東北亞，吞併朝鮮，在那裏設置滄海郡，導致燕齊一帶的百姓不得安寧。等到王恢謀劃着在馬邑伏擊匈奴，匈奴覺察之後與漢朝中斷了和親，侵擾北部邊疆，漢與匈奴之間的戰事連年不絕，整個漢朝的百姓都為此事所拖累。戰事一天比一天頻繁，耗費的財力、人力不計其數，沒辦法就得賣官鬻爵。向朝廷捐獻財物的人可以當官，有罪的犯人肯交錢也可以免罪，如此一來，社會上崇尚賢良、講究廉恥的風氣都受到了損毀，國家似乎又回到了嚴刑峻法的時代，善於聚斂財富的大臣也由此得到了重用。

可以說，漢武帝之窮兵黷武與搜刮民脂民膏之間有着密切的因果關係，兩者疊加在一起，幾乎翻轉了文景之治時期「與民休息」的「仁政」方向，又退到了秦朝時嚴刑峻法的治國路徑。至此，漢武帝的外向型人格演化成了一種非常凶險的治國模式：靠對內斂財搜刮來維繫其對外的武力征伐。對外戰爭雖然在軍事上取得了勝利，宣揚了大漢國威，帝國的疆域也因之得到了拓展，可是這種勝利在實質上並沒有讓帝國變得更加強大，反而引發了諸多內部危機。

巫蠱之禍

窮兵黷武和瘋狂斂財之外,漢武帝另一飽受詬病之事就是惑於方士,費巨資求仙,妄圖長生不老。這是他內心不安、向外馳求的一種反映,也是他外向型人格的又一種表現。

儒家宗師孔子強調「不語怪力亂神」、「敬鬼神而遠之」,漢武帝雖然在表面上尊崇儒術,在實際生活中卻大搞求仙活動,一次又一次地上當受騙。先後有李少君、少翁、欒大、公孫卿等方士通過忽悠漢武帝而謀得高官厚祿,欒大甚至被封為樂通侯,並娶了衛長公主。漢武帝封禪泰山,也是惑於方士之言,要通過這種方法求得長生不老。史學家呂思勉說:「終武帝世,方士之所費,蓋十倍於秦始皇,況又益之以事巡遊、修宮室邪?」

漢武帝求長生不老不得,反倒招致了巫蠱之禍。漢武帝一方面求神求仙,幻想着長生不老,但另一方面又疑神疑鬼,疑心頗重,前者將很多巫師、方士等旁門左道之人招致長安,後者又給了小人挑撥離間之機會。

公元前 92 年,住在建章宮的漢武帝看到一個男子帶劍進入中龍華門,懷疑是不尋常的人,遂命人捕捉,卻未能擒獲。漢武帝大怒,將掌管宮門出入的門

候處死，隨後徵調三輔地區的騎兵對上林苑進行大搜查，並下令關閉長安城門進行搜索，十一天後才解除戒嚴，巫蠱事件就拉開了序幕。

巫蠱是巫術之一種，其做法為：將三隻毒蛇或毒蟲放在一個器皿之中，讓他們互相吞噬，最後活下來的那個就叫蠱，其毒性最強。巫師利用蠱為道具去詛咒對手，或將對手做成木人、畫像等形象，與蠱一起埋於地下，以達到惡毒詛咒之效果。

丞相公孫賀之子公孫敬聲擅自挪用軍費，事敗後被捕下獄。當時，漢武帝正下詔通緝陽陵大俠朱安世，公孫賀為贖兒子之罪，將朱安世捕獲，送給朝廷，企圖為兒子贖罪。孰料朱安世在獄中上書，聲稱公孫敬聲與陽石公主私通，在馳道上埋藏木人以詛咒皇帝。漢武帝本來就迷信神神鬼鬼，最怕被詛咒，聽說此事後大怒，下令將公孫賀父子滿門抄斬。

當時，因皇帝本人愛搞求仙活動，皇宮中的許多宮女也紛紛效仿，一些女巫來到宮中，令嬪妃、宮女在屋裏埋木頭人進行巫術活動。宮中女人相互妒忌，就紛紛告發對方詛咒皇帝，藉此打擊對手。漢武帝將被告發的人全部處死，一共殺掉妃嬪、宮女及受牽連的大臣數百人。

發現有人真的用巫蠱之術詛咒自己，漢武帝越

加恐懼，他越是恐懼，越是疑神疑鬼；越是疑神疑鬼也就越是恐懼，形成了心理上的惡性循環。精神壓力過大之下，他做了一個噩夢，夢見好幾千木頭人手持棍棒追擊自己。他驚醒之後感到精神恍惚，記憶力大減，身體也不舒服。寵臣江充見有機可乘，便說漢武帝的病是巫蠱之術所致。漢武帝隨即派江充去徹查此事。

漢武帝執政嚴刑峻法，而太子劉據則比較仁慈，對處罰過重的案子多有所平反。太子的做法雖得百姓心，而用法大臣皆不悅。因此就有大臣詆毀太子，江充更是想盡辦法離間漢武帝和太子之間的關係。此番江充領旨徹查巫蠱之事，正好可用來構陷太子。他帶人到各處掘地尋找木頭人，一直搜查到衛皇后和太子劉據的住室，並把事先準備好的木頭人拿出來陷害太子。

當時，漢武帝在甘泉宮養病，不在長安。太子想面見皇帝不成，遂於憤怒之下抓捕了江充，並將其處死。於是，長安傳言太子謀反。事情激化之後，保皇勢力和太子一派各召集軍隊，在長安大戰五日，死者數萬人。最後，太子劉據兵敗自殺，衛皇后也自殺。劉據有三子一女，全部因巫蠱之亂而遇害，唯劉據之子劉進有一子劉病已幸存，後改名劉詢，也就是後來

的漢宣帝。後來，漢武帝悔悟，知道太子無辜，就又建了思子宮和歸來望思之台，以表達他對太子的思念和悔過之情。

漢武帝晚年求仙不成，又因巫蠱之禍造成父子相殘、太子自殺的人生悲劇。種種打擊之下，他對自己過去的所作所為頗有悔意，遂於公元前 89 年下《輪台罪己詔》，說：「朕即位以來，所為狂悖，使天下愁苦，不可追悔。自今事有傷害百姓，糜費天下者，悉罷之！」大鴻臚田千秋趁機說：「方士們說神仙之事，說的人很多，可是都不靈驗，我請求把這個也一塊『罷斥之』」。這時漢武帝又恢復了理智，說：「大鴻臚言是也。」於是，方士、巫師之類的人物悉數被罷斥。

後來，漢武帝也跟群臣嘆息說：「我以前真愚痴，竟然被方士所欺騙。天下哪有甚麼仙人呀？這不過是一些人的妖言而已。養生之道，不過是節制飲食，按時服藥，讓自己少生病而已。」

悔悟之後的漢武帝已然到了他的人生暮年。頒下《輪台罪己詔》後兩年，即公元前 87 年，漢武帝駕崩。駕崩之前，他立小兒子劉弗陵為太子。為了防止劉弗陵之母鈎弋夫人重演呂后稱制的亂局，漢武帝找藉口處死了鈎弋夫人，立其子而殺其母，極其殘忍，也極其無奈。劉弗陵年齡太小，只有八歲，不

能親政，漢武帝又託孤於霍光，讓他與車騎將軍金日磾、左將軍上官桀、御史大夫桑弘羊等人共同輔佐朝政。

帝國代言人

漢武帝十六歲登基，七十歲駕崩，統治帝國整整五十四年（公元前 141—前 87）。在超過半個世紀的時間裏，他東併朝鮮、南吞百越、西征大宛、北破匈奴，在開疆闢土和大揚國威方面功勳赫赫。政治上，他頒行「推恩令」，解決諸侯王與中央政權相抗衡的問題，鞏固了中央集權的帝國制度。文化上，他採用了董仲舒的建議，「罷黜百家，獨尊儒術」，以儒家思想為主流意識形態，這一點為以後各個王朝所效仿，影響深遠。在經濟上，他建立鹽鐵專賣制度，將煮鹽、冶鐵及貨幣鑄造等統統收歸中央，一改西漢前期奉行的無為而治理念。他選拔人才不拘一格，他的人才團隊中，既重用董仲舒這樣的大儒，亦接納東方朔這樣的滑稽人物；既有汲黯這樣的諍臣，又有寧成、周陽由、王溫舒等酷吏。他在國家意識形態方面推行儒家思想，可本人卻經常搞求仙活動，導致一再受騙，留下諸多笑柄；漢武帝喜歡寫詩，飽含感情，很有文青風格，但他又窮兵黷武，把幾代祖先積累下的

殷實國庫快速耗空；他曾親臨黃河瓠子決口，現場指揮抗洪救災，命群臣從官自將軍以下皆負薪置決河，並作《瓠子之歌》，很有悲天憫人的親民風範，可是他又好大喜功，不惜耗費大量的民脂民膏去搞封禪典禮之類的大排場。

漢武帝在位時間長，留下的故事多，功績大，缺點也不少。圍繞着他的是是非非，不同的人有不同的看法。國家主義者認為他雄才大略，是一代英主；自由主義者則認為他是一個好大喜功、刻薄寡恩的專制帝王。即便是公認的史學大家，對漢武帝的評價也難有定論，班固在《漢書》中說他「雄材大略」、「號令文章、煥焉可述」、「有三代之風」，如「不改文景之恭儉以濟斯民，雖《詩》《書》所稱，何有加焉」，評價甚高。司馬光卻在《資治通鑑》中毫不留情地批評漢武帝，說：「孝武窮奢極欲，繁刑重斂，內侈宮室，外事四夷，信惑神怪，巡游無度，使百姓疲敝，起為盜賊，其所以異於秦始皇者無幾矣。」意思是說，他的行事作風跟暴虐的秦始皇相差無幾。

漢武帝是一個非常複雜的人物。他長久地統治一個大帝國，其影響無疑也是複雜而全面的。可以說，在漢武帝身上，幾乎集中了帝國體制的所有優點，也幾乎暴露了帝國制度的所有弊端。如果要選

帝國代言人，那麼漢武帝劉徹一定是屈指可數的幾個人選之一（事實上也一直有「秦皇漢武，唐宗宋祖」的說法）。在他的身上，人們既能看到一個皇帝的赫赫權威，亦能看到一個專制帝王的刻薄殘忍；人們能看到一代雄主的英明神武，亦能看到他的利慾熏心與迷信愚昧；人們能看到一個外向型人格之人的多欲多求，亦能看到這種慾求與折騰所造成的骨肉相殘的人間悲劇。

後漢武帝時代的權力鬥爭

皇帝去世之後，他對社會的影響並不會馬上消除，他會留下一筆巨大的政治遺產。這遺產有時是一個爛攤子，有時是一筆巨大的財富，但更多的時候是好壞夾雜、憂喜互見的亂局、危局。西漢的歷史進程中也遇到過這樣的情況，那就是昭宣中興的時代，即漢昭帝和漢宣帝兩朝（公元前 87 — 前 48）。漢武帝就是那個留下亂局、危局的政治強人，而昭帝和宣帝就是兩個替他擦屁股的「接班人」。

「接班」本身就充滿着你死我活的政治鬥爭，驚心動魄。

誰做接班人

漢武帝剛駕崩之時，朝廷賜諸侯王璽書，向各諸侯王報喪。結果，燕王旦得書不肯哭，還說：「璽書封小，京師疑有變。」隨即派了三個倖臣到了長安，明着說是詢問有關禮儀之事，實際上是為了刺探朝廷的虛實。

此時，劉弗陵已經在霍光、上官桀、公孫弘等人輔佐下即位，下詔賜給燕王劉旦「錢三十萬」，又加封給他一萬三千戶的封邑，以示安撫。這時，燕王旦怒曰：「皇帝本來應該是我的，我幹嗎還要接受賞賜！」

政治強人去世之後，想做而又有資格做「接班人」的遠不止一個，誰能最終接班，不能光看政治遺囑，更取決於誰能在殘酷的權力鬥爭中取得勝利。劉弗陵此時雖是名副其實的皇帝，可燕王旦不服，就出來挑戰他的政治權威。

燕王旦為甚麼敢爭大位？原因很簡單，他也是漢武帝的兒子。漢武帝一共有六個兒子，衛皇后生戾太子劉據，趙婕妤生漢昭帝劉弗陵，王夫人生齊懷王劉閎，李姬生燕王劉旦、廣陵厲王劉胥，李夫人生昌邑哀王劉髆。按照正常情況，繼承漢武帝皇位的應該是太子劉據，可是他因巫蠱之禍而自殺。正牌太子死

後，按長幼之序燕王旦可當太子。可是，劉旦繼位心切，反遭漢武帝厭惡，非但沒有立他做太子，反而將他的封國削去了三個縣。最後，漢武帝選擇了最小的兒子劉弗陵來做自己的接班人。

燕王旦自己想當皇帝不成，眼看着小弟劉弗陵即位，非常不滿，就與中山哀王之子劉長、齊孝王孫劉澤等共同謀反，劉旦還給劉澤寫信說現在當皇帝的這個劉弗陵根本就不是漢武帝的兒子，他的皇位不過是幾個大臣推立的，我們應該討伐他，奪回皇位。劉澤就謀劃着回去發兵臨淄，殺掉青州刺史雋不疑，策動兵變。劉旦也招兵買馬，等待劉澤得手後一塊起事。

結果，劉澤的陰謀泄漏了。雋不疑不但抓捕了劉澤，還把他與劉旦一塊策劃謀反的事情匯報給了漢昭帝。看在燕王旦是自己哥哥的份兒上，漢昭帝下詔，不要治他的罪，而劉澤等人「皆伏誅」。雋不疑由於粉碎謀反有功，從青州刺史升遷為京兆尹。漢武帝去世後的帝位之爭就這樣結束了。經過此番較量，劉弗陵算是打敗了燕王旦的挑釁，坐穩了皇帝之位。

圍繞着帝位的爭奪剛一結束，幾位大臣之間就開始了權力爭奪。漢武帝駕崩後，漢昭帝年僅八歲，不能親政，朝政皆由託孤大臣、大司馬霍光決斷。當

漢昭帝劉弗陵（公元前 94—前 74），漢武帝劉徹之子。即位時年僅八歲，在位十三年駕崩。

時，跟霍光一起受漢武帝託孤的還有車騎將軍金日磾、左將軍上官桀、御史大夫桑弘羊，其中，金日磾於公元前 86 年去世，無法參與昭帝時期的權力爭鬥。剩下的霍光、上官桀、桑弘羊則直鬥到你死我活。

　　最初，霍光和上官桀關係好，兩人還結成了親家，霍光的女兒嫁給了上官桀的兒子上官安。遇上霍光休假的時候，上官桀就代替霍光處理朝廷事務。這段看起來很友好的家族關係隨後卻發生了逆轉。上官

安和霍光的女兒生了一個女兒，到了五歲的時候，上官安就想通過大將軍霍光的關係「內之宮中」。霍光認為五歲的女孩太小，送進宮中不合適，就沒答應這事。

上官安不死心，就又找丁外人幫忙，而且丁外人還真就把事給辦成了。這個丁外人為甚麼有這麼大的本事呢？原來他是漢武帝長女蓋長公主的男寵。而蓋長公主此時又恰恰是漢昭帝的監護人，負責撫育這個八歲的皇帝，所以，蓋長公主就以皇帝的名義下詔，封上官安五歲的女兒為婕妤，上官安因此被封為騎都尉。一個多月之後，上官婕妤就被立為皇后，此時她才剛剛六歲，上官安也隨之封為桑樂侯，升遷為車騎將軍，並擁有了一千五百戶的食邑。

快速升遷之後，上官安就「日以驕淫」，受到皇帝賞賜後出去跟賓客吹牛，說：「我剛進宮跟女婿一塊喝酒了，喝得很高興。」女兒是皇后，他說皇帝是自己的女婿，這倒也是事實，可是你這女婿才八歲，喝甚麼酒呀？讓一個八歲的孩子喝酒，這靠譜嗎？從這裏可以看出，這個上官安確實是個頑悖之人。

上官安的女兒是靠走丁外人的後門才當上皇后的，那他怎麼報答丁外人呢？就要求自己的岳父霍光給丁外人封侯。霍光執政比較公正，皆不聽，又沒滿

足上官安的要求。這樣一來，上官桀和上官安父子就對霍光心懷怨恨。

桑弘羊自恃在漢武帝時斂財有功，也為自己的子弟求官，霍光也沒同意。於是，桑弘羊也怨恨霍光。這些反對霍光的人慢慢地聚集在了燕王旦和蓋長公主的周圍，謀劃除掉霍光。他們先炮製霍光的黑材料，向漢昭帝告霍光的惡狀，結果漢昭帝不信，後來再有人誣陷霍光，漢昭帝就發怒了，說：「你們誰再敢毀謗霍光就先拿你們問罪。」

一看誣告霍光達不到效果，上官桀他們就謀劃着讓蓋長公主請霍光喝酒，等霍光來赴宴時「伏兵格殺之」，並且借機「廢帝，迎立燕王為天子」。結果，這夥人的計劃很快泄密了，霍光搶先動手，盡誅上官桀父子、桑弘羊、丁外人宗族，燕王旦、蓋長公主皆自殺。自此以後，霍光權傾朝野，威震海內。此番權臣鬥爭，霍光勝出。

漢宣帝的身世

鑑於漢武帝窮兵黷武給國家造成的深重危機，霍光在輔佐漢昭帝期間再次採取休養生息的策略，同時恢復與匈奴的和親關係。經過一番治理，「百姓充實，四夷賓服」。

漢昭帝在位十三年，二十一歲就駕崩了。昭帝無後，讓誰來做皇帝的問題此刻又擺在了霍光的面前。霍光與群臣商討一番，決定選昌邑王劉賀繼承皇位。劉賀的父親是劉髆，劉髆是漢武帝與傾國傾城的李夫人所生之子，選劉賀做皇帝在血統上一點問題都沒有。可惜的是，劉賀不是當皇帝的料兒，當上皇帝之後就行為淫亂，幹了很多壞事，頗失帝王禮儀。霍光一看這架勢，知道選錯人了，就去徵求自己的親信、大司農田延年的意見。

田延年說：「你看着此人不能當皇帝，為何不跟太后說一聲，將其廢掉，再選他人？」

霍光說：「若真這麼做，可有歷史上的理論依據？」

田延年回答說：「當年伊尹做商朝的相，為了宗廟社稷的安全就廢掉了君王太甲，後世都說伊尹是忠臣賢相。大將軍你如果也能這麼做，你就是漢朝的伊尹。」

聽了田延年的這番話，霍光有了廢掉劉賀的依據：既然商代的賢相伊尹可以廢掉太甲，那我霍光為何不可廢掉不靠譜的皇帝劉賀？

於是，霍光率群臣上奏太后，歷數劉賀種種惡行，請求將其廢掉。太后同意。於是，劉賀剛剛當上皇帝二十七天就被廢掉了。劉賀身邊的二百多人因為

漢宣帝劉詢（公元前 91—前 49），戾太子之孫，生長於民間。霍光與大臣廢劉賀後，被迎立為帝。

「陷王於惡」，全部被誅殺。這個失去皇位的劉賀先被發配回昌邑，後來又由王降為海昏侯，被發配到了豫章，也就是現在江西南昌。

廢掉劉賀之後，霍光選擇讓劉詢當皇帝，是為漢宣帝。

漢宣帝是漢武帝的曾孫，戾太子劉據的孫子。劉據做太子時娶了史良娣，史良娣生了皇孫劉進，劉進娶了王夫人，王夫人生了漢宣帝。巫蠱之禍發生之後，太子劉據全族遇害，只有尚在襁褓之中的皇曾孫

得以幸存，但仍然受牽連被抓到了獄中。

當時，大臣丙吉受詔負責處理與巫蠱案相關的監獄事宜，他見到皇曾孫覺得才幾個月大的小孩就父母雙亡，還受牽連入獄，太可憐了。再加上丙吉知道太子劉據是被冤枉的，所以就更加可憐這個孩子。出於悲憫之心，丙吉就「擇謹厚女徒，令保養曾孫」。

但危險還是來臨了。漢武帝有一次生病，望氣者借給他看病之際說長安獄中有天子氣。漢武帝一聽說獄中有人可能會代替自己的天子之位，頓時火冒三丈，吩咐一個叫郭穰的人趕緊去將長安獄中的人一律殺光，無論罪輕罪重。而皇曾孫此時正在獄中。

郭穰帶人夜裏趕到獄中，馬上就要執行漢武帝的命令。可是，丙吉挺身而出，不讓這夥人進監獄的大門，他說：「皇帝的曾孫就在獄中。他人無辜被殺死都不符合法律規定，何況是皇帝的親曾孫！」

郭穰帶人與丙吉對峙到天明，也沒能得手，回到漢武帝那裏去告狀，彈劾丙吉，說他竟敢抗拒皇帝的命令。此時，如果漢武帝一意孤行，以「抗命之罪」懲辦丙吉，那估計丙吉和皇曾孫兩人的命都難以保全。可有意思的是，漢武帝得知丙吉以死抗命之後，也明白過來了，就說：「這是上天讓丙吉這麼做的。」然後還大赦天下，把跟皇曾孫一塊坐牢的人都

赦免了。如此一來，當時長安獄中的犯人全因丙吉保護皇曾孫而活了下來。佛家講「救人一命，勝造七級浮屠」，丙吉捨命相保皇曾孫，一下子挽救了那麼多人的性命，「恩及四海矣」。

皇曾孫的命雖然保下來了，可他幾個月大就沒有了父母，還置身監獄之中，有好幾次差點就生病死掉。每每遇到皇曾孫重病之際，丙吉就讓保姆全力照顧，「加致醫藥」，「以私財物給其衣食」。就這樣，皇曾孫劉詢被慢慢撫養長大。

到漢昭帝駕崩之時，他正好十八歲。此時，丙吉已經升遷為大將軍長史了，正好為霍光所器重，所以當霍光再次物色皇帝人選時，丙吉就向霍光推薦了劉詢，說他「通經術，有美材，行安而節和」，是個當皇帝的好人選。霍光看了丙吉的推薦信後，遂擁立皇曾孫。漢宣帝即位後，賜丙吉關內侯，以謝其推舉之功。直到此時，漢宣帝本人還不知道丙吉對自己的大恩大德。因為丙吉為人深厚，不伐善，非常低調，他保護、撫養皇曾孫的過程，絕口不道前恩，朝廷上下也不知道他對漢宣帝有這麼大的恩德。

霍氏倒台

漢宣帝是被霍光扶上皇帝寶座的，他當然不敢得

罪霍光。當霍光表示要歸政時，漢宣帝「謙讓委任」，還是讓霍光總攬朝政，群臣凡事先請示霍光，然後再向皇帝報告。霍光每次入朝拜見時，漢宣帝表面上對霍光甚為恭謙，內心卻對這個權臣非常害怕，「若有芒刺在背」。

即便如此，漢宣帝與霍光家族的矛盾還是不可避免地爆發了。

漢宣帝當初從監獄中遇赦出來，「養於掖庭」，「掖庭」是「後宮旁舍」，是低級宮女及罪犯家屬居住、勞動的地方。此時，他雖被稱為「皇曾孫」，但地位與平民無異。在掖庭生活期間，他認識了許廣漢。許廣漢最初擔任昌邑哀王劉髆的侍從官。漢武帝從長安出遊甘泉宮時，許廣漢是隨駕人員之一。他因誤取別人的馬鞍放到自己的馬背上，被執法者定為盜竊，要被處死刑，後又改死刑為宮刑，成了宦者。上官桀等人謀反案發生後，許廣漢受命搜索部分罪犯，又因搜捕不力，被送到掖庭聽差，做了嗇夫，也就是一個低級小吏。

許廣漢有個女兒叫許平君，長到十四五歲時要嫁「歐侯氏子為婦」，結果還沒等嫁過去，「歐侯氏子死」。後來，許廣漢看着皇曾孫劉詢不錯，就將女兒嫁給了劉詢，一年之後，兩人生了一個兒子，就是後

來的漢元帝劉奭。剛當上父親沒幾個月，劉詢又當上了皇帝，真的是雙喜臨門。而他的貧賤之妻許平君，也隨之入宮，成了許婕妤。

霍光將劉詢扶上皇帝寶座後，將自己的小女兒嫁了過去。霍光的妻子更是想讓自己的女兒當皇后。

漢宣帝即位後沒幾個月，就商議冊立皇后之事。朝廷群臣依附霍光，都有意冊立霍光之女為皇后，但不敢明說，等着探知皇帝本人的意見。漢宣帝也不好意思明說要立許平君為皇后，他就下詔說：「我微賤之時將一把舊寶劍遺失了，請大家幫忙找一找。」

大臣立刻領悟了漢宣帝的意圖：原來皇帝這是在念舊。他不忘微賤時的情義，肯定是要立許婕妤為皇后了。於是，大臣就請求立許婕妤為皇后。於是，漢宣帝順利地立許婕妤為皇后。漢宣帝在冊立皇后一事上的表現令霍光家族大為不滿。霍光的妻子覺得就是這個許皇后擋住了自己女兒當皇后的道路，竟然動了謀害許皇后的心思。一年之後，許皇后懷孕，霍光妻子指使女醫官淳于衍趁許皇后臨產之際下毒，毒死了許皇后。

許皇后被毒死後，霍光的女兒隨即當上了皇后。三年之後，即公元前 68 年，霍光病卒，漢宣帝開始親政。一年之後，漢宣帝立他與許皇后所生之子劉奭

為太子，同時封許皇后之父許廣漢為平恩侯。霍光之妻對此極為憤怒，到了「怒恚不食，嘔血」的程度。她說：「這個劉奭是他劉詢還沒當皇帝時生的兒子，怎麼能被立為太子？如此一來，我們的霍皇后即便再生兒子，不是也只能做王了嗎？」霍光之妻的表現表明貪心有多麼可怕：自己的女兒必須要做皇后，為此不惜毒死別人；自己的外孫又必須要做太子，做王都不滿足，且氣憤得要死。霍光長期秉政，其家族飛黃騰達，要風得風，要雨得雨，這樣的日子過慣了，現在稍有不順，他的妻子就受不了，氣得「怒恚不食，嘔血」。

實際上，霍家此時依然十分顯赫。霍禹為右將軍，霍山以奉車都尉領尚書事，這兩人都是霍光的兒子。只不過，他們只繼承了老爹的權勢，沒有繼承老爹的政治才能，他們「廣治第室」，「多從賓客，張圍獵黃山苑中」，「顯及諸女晝夜出入長信宮殿中，亡期度」，總之就是大肆享樂，窮奢極慾。霍光之妻在寡居之後也不守婦道，與霍光原來的幕僚馮子都有了私情。更關鍵的是，霍家還十分囂張，霍氏的家奴與御史大夫魏相的家奴「爭道」，發生了矛盾，結果「霍氏奴入御史府，欲踏大夫門，御史為叩頭謝，乃去」。這真應了那句話：欲使其滅亡，必先使其瘋狂。連霍

氏的家奴都瘋狂到這等程度，霍家也確實該滅亡了。

漢宣帝親政之後，很快就着手削奪霍氏的權力。首先，漢宣帝親自處理朝政，五日一聽事，下令凡吏民奏事不通過尚書，直接向皇帝報告，這就繞過霍山，收集到了霍家的種種劣跡。其次，漢宣帝大力扶植許家，以對抗霍家。他先封岳父許廣漢為平恩侯，隨後又封許廣漢的兩個弟弟為博望侯和樂成侯，同時還封與霍氏有矛盾的魏相為御史大夫。其三，漢宣帝將霍氏家族的重要成員從實權崗位上調離，如遷霍禹為大司馬，罷其右將軍屯兵官署；將霍光女婿鄧廣漢由長樂衛尉調任少府；將霍光女婿、度遼將軍、未央衛尉范明友調任光祿勳，不久後，又收其度遼將軍印；將霍光女婿、諸吏中郎將、羽林監任勝調出京城，任安定太守；將霍光姐姐的女婿張朔由給事中、光祿大夫調任蜀郡太守；將霍光女婿趙平由騎都尉調任散騎都尉、光祿大夫，赴外地屯兵；將霍光孫婿、中郎將王漢調出京城，任武威太守。如此一來，霍氏家族就無權控制京城的軍隊了。

霍家不甘心權勢被一點點地削掉，就密謀造反，要殺掉平恩侯許廣漢和丞相等人，然後再以太后的名義下詔廢掉漢宣帝，另立霍禹為帝。

公元前 66 年，霍氏的謀反計劃泄露。漢宣帝搶

先出手，一舉清洗了霍氏家族。霍禹、霍雲、霍山等人或自殺，或被殺，無一幸存。隨着霍家的覆滅，霍光之妻當初指使人毒死許皇后之事也曝光了，霍皇后因此被廢，打入冷宮。

丙吉為相

霍氏被誅之後，丙吉對漢宣帝的大恩大德也被披露了出來。

漢宣帝親政後檢查尚書省，這時，掖庭宮中有一個名叫「則」的婢女讓她丈夫上書，陳述她曾經護養過漢宣帝，有養育皇帝之功。這份奏章轉給掖庭令調查，調查的過程中，「則」說丙吉是當時的知情人。掖廷令把「則」帶給丙吉看。丙吉確實認識，並對她說：「你確實養育過皇曾孫，可你因養育中犯下不謹慎的過錯，還挨過板子，你忘了嗎？哪裏還有功？真正有功的是渭城的胡組、淮陽的郭徵卿。」於是，丙吉分別上奏說胡組、郭徵卿當年養育漢宣帝時的辛勞之狀，請求賞賜這兩個人。

漢宣帝詔令丙吉尋找這兩個人，可惜她們已經死了，於是厚賞了她們的子孫。雖然在撫育的過程中不够謹慎，但漢宣帝還是下詔免去「則」的奴婢身份，並賞錢十萬。

發生這事之後，漢宣帝親自詢問丙吉，才知丙吉對自己有過那麼大的恩德，而丙吉長期沉默，竟然不肯說出。漢宣帝很感動，認為丙吉非常厚道，就下詔說：「朕低微時，御史大夫丙吉對朕有舊恩，他的德行很美。《詩經》說過『無德不報』，我也要報答丙吉的恩德，封他為博陽侯，食邑一千三百戶。」

　　可就在快封侯的時候，丙吉病重了。漢宣帝擔心丙吉會因病去世，準備派人趕到病床前，趁他活着的時候趕緊封侯。太子太傅夏侯勝說：「這個人不會死的。臣聽說有陰德的人，一定享受他的快樂並惠及子孫。現在丙吉還沒有得到報答，他雖病得很重，但不會致命。」後來，丙吉果然病癒了。

　　病癒後的丙吉趕緊上書，謝絕封侯，說自己「不宜以空名受賞」。

　　漢宣帝回答說：「我封你為侯不是空名，而你上書歸還侯印，會顯示我不懂得報恩。現在天下太平，你就專心致志地養病，及時吃藥，保重身體吧！」

　　五年之後，即公元前 59 年，丞相魏相去世，丙吉接替魏相，當上了丞相。

　　丙吉是從獄法小吏步入仕途的，他學習《詩》、《禮》，通曉大義。他當上丞相後崇尚寬厚，喜歡禮讓。丙吉有個掾史不稱職，丙吉就給他休長假，而沒

有追究此人的罪過。

丙吉還是一位凡事識大體的丞相。他有一次外出，正碰上兩夥流氓打群架，死傷者都橫倒在了路上。結果，丙吉過之不問，他的屬下感到很奇怪。又往前走了一段，碰到有人趕着牛，牛喘氣吐舌。丙吉趕緊停下來，派騎吏問那人：「趕牛走了幾里路？牛為甚麼喘氣吐舌？」

部下非常不理解：放着打群架的社會治安事件不過問，卻偏偏詢問一頭牛的「喘氣吐舌」？丙吉解釋說：「百姓鬥毆死人，有長安令、京兆尹負責管理，我只管一年檢查一次他們的政績優劣，對他們或賞或罰即可。宰相不過問百姓打架鬥毆這等小事，但春日未熱，牛卻喘氣吐舌，我就害怕是氣候失調。若真是氣候失調，那可能會引發瘟疫之類的大災害，丞相就需要提前預防，這是國家大事，我必須過問。」

聽了丙吉的解釋，部下心服口服，都認為丙吉識大體。

公元前 56 年，丙吉再次病重。漢宣帝親臨問候，說：「你如有不測，誰可以代你？」

丙吉推辭說：「群臣的德行才能，明主盡知，愚臣不能辨別。」

漢宣帝反覆詢問，丙吉才向漢宣帝推薦了杜延

年、于定國、陳萬年三人，說：「這三個人的才能都在我之上，希望皇上好好考察。」

漢宣帝認為丙吉的話都對，就答應了。公元前55年，丙吉去世。丙吉去世後，杜延年、于定國、陳萬年等人為官確實很稱職，漢宣帝因此大讚丙吉知人。

班固在《漢書》的〈宣帝紀〉中說：「近觀漢相，高祖開基，蕭、曹為冠；孝宣中興，丙、魏有聲。是時黜陟有序，眾職修理，公卿多稱其位，海內興於禮讓。覽其行事，豈虛乎哉！」意思是說，漢宣帝中興時期的丞相中，丙吉和魏相的治國才能可與蕭何、曹參相提並論。

後漢武帝時期的權力鬥爭雖然異常複雜，但其範圍止於權力高層，並未波及整個國家。甚至可以這麼說，終漢昭帝和漢宣帝兩朝，無論是前期的霍光秉政，還是後期的宣帝親政，他們基本的治國理念都是一樣，均為廢除苛法、苛政，恢復生產，安定民生，同時整頓吏治，任用賢能。因此，經過兩朝的持續治理，西漢王朝又興盛了起來，史稱這一階段為昭宣中興。尤其是對於漢宣帝的統治，班固在《漢書》的〈宣帝紀〉中說：「孝宣之治，信賞必罰，綜核名實，政事、文學、法理之士咸精其能，至於技巧、工匠、器械，自元、成間鮮能及之，亦足以知吏稱其職，民安

其業也。遭值匈奴乖亂，推亡固存，信威北夷，單於慕義，稽首稱藩。功光祖宗，業垂後嗣，可謂中興，侔德殷宗、周宣矣！」評價甚高。稍晚於漢宣帝的西漢史學家劉向更讚譽道：「政教明，法令行，邊境安，四夷親，單於款塞，天下殷富，百姓康樂，其治過於太宗之時。」意思是說，漢宣帝在治國上甚至有超過漢文帝之處。此說雖有過譽之辭，但也能證明這個中興時期確有可圈可點之處。

從外儒內法到王霸雜用

《漢書》中分別有〈循吏傳〉和〈酷吏傳〉，前者記載的是清正廉潔、造福一方的官員之生平，後者講述的是作風刻薄、執法嚴酷的官吏的事蹟。我們細心閱讀就會發現，酷吏多出自漢武帝一朝，而循吏則多出自漢宣帝一朝。這並不是偶然的，而是與武帝朝、宣帝朝不同的執政理念密切相關的。漢武帝執政，基本思路就是外儒內法，即國家的主流意識形態是儒家思想，可權力在實際運作過程中使用的則是法家嚴刑峻法的那一套，一面窮兵黷武，開疆闢土，一面剝削百姓，搜刮錢財。這樣的執政理念之下，酷吏往往更對漢武帝的胃口。漢宣帝的執政理念是王霸雜用，

即以儒家輕徭薄賦的寬仁之政對待百姓，以法家嚴厲的督責之術約束官吏。在王霸雜用的治國理念之下，清正廉潔的官吏當然大受歡迎，所以宣帝一朝循吏眾多。

酷吏 vs 循吏

《資治通鑑》記載，公元前 130 年，漢武帝讓張湯和趙禹兩人一起制定律令，務求嚴酷，兩人就制定了「見知法」，讓官員之間互相監視，互相檢舉揭發，漢朝執法嚴苛就是從這個時候開始的。

張湯和趙禹均名列《史記》的〈酷吏傳〉。張湯是一個心術不正的傢伙，「為人多詐，舞智以御人」。他知道漢武帝喜好儒術，就跟大儒董仲舒、公孫弘學習，竭力做出一副「與上同好」的架勢，並因此得到了漢武帝的賞識。他當廷尉時，斷案治獄以善於揣測上意著稱，若皇上討厭此人，他就會極力用法條給此人羅織罪名，本來沒罪也能說成有罪，輕罪也能變成重罪；若皇上想放此人一馬，他也能從法條中找出此人無罪或罪過很輕的證據，以幫助此人開脫罪責。按說，張湯的這種做法根本不是「以法律為準繩」，而是「以上意為轉移」，是執法者的大忌。可是，漢武帝卻因張湯辦案稱意而格外賞識他、提拔他。趙禹出

身刀筆吏，後遷為御史，處事「酷急」，「務為嚴峻」，結果也得到了漢武帝的賞識、提拔。

張湯、趙禹之後，漢武帝時期的酷吏還有義縱、王溫舒、尹齊、楊僕、咸宣等，這些人均執法嚴酷，善於殺人立威。比如，王溫舒在河內郡執法時，以連坐之法逮捕豪強，一次就抓捕一千餘家，罪大者滅族，罪小者處死，殺人之多，「至流血十餘里」。被滅族者的財產則完全被沒收，充實了國庫，這其實是借打擊犯罪之名行斂財之實。

王溫舒為人善於諂媚、巴結有權勢的人，而對無權無勢的人則視為奴隸。有權有勢的人或家族，即便犯罪之重超過泰山，王溫舒也不會去懲治；可一旦是不得勢的人，你即便是皇親國戚，他也一定找藉口侵犯你，凌辱你。酷吏這樣選擇性執法，哪裏還有公平、公正可言？

漢武帝大用酷吏，導致官場風氣和司法風氣迅速變壞，官吏多「以嚴酷為能」。對此，《漢書》的〈刑法志〉中稱：「孝武即位，外事四夷之功，內盛耳目之好，徵發煩數，百姓貧耗，窮民犯法，酷吏擊斷，奸軌不勝。於是招進張湯、趙禹之屬，條定法令，作見知故縱、監臨部主之法，緩深故之罪，急縱出之誅。其後奸猾巧法，轉相比況，禁罔浸密。」漢宣帝執政

之時，大力糾正漢武帝以來的官場弊端，「選於定國為廷尉，求明察寬恕黃霸等以為廷平」，無論是施政還是治獄，都轉嚴酷為寬仁。因此，漢宣帝一朝，循吏頗多，黃霸即是其中的典型。

黃霸自幼攻讀法律，在漢武帝末年進入官場。公元前 97 年，黃霸因清正廉潔被舉薦為河南太守丞。當時的官員多以執法嚴酷為能，唯有黃霸寬和以待，愛民如子，因此贏得了仁厚的名聲。

漢宣帝親政之後，聽說黃霸執法公平、仁厚愛民，就將其提拔為廷尉正，主持司法工作。黃霸在任內數次裁斷疑難案件，判罰很公平，不久轉任丞相長史（丞相府秘書長）。公元前 67 年，黃霸因政績卓著被任命為潁川（今河南禹州）太守。黃霸在潁川遴選品行優秀的下屬官吏，分散到屬縣宣傳恩澤詔書，讓民眾都能知道皇上的旨意；他多次印發刑律，務使法律條文家喻戶曉，以最大限度地降低犯罪率；他還下大力氣規勸百姓遵章守法，勤事農桑，盡量以教化代替刑罰。

黃霸治理地方盡心盡力，事無巨細。他讓驛館、鄉里治所餵養雞豬，以此項收入為扶貧基金，贍養鰥寡貧弱之人。他得知某鄉有孤獨老人去世，沒人安葬，就親自督辦此事，告訴手下哪個鄉里治所的大樹

可以砍伐來做棺木，哪個驛館飼養的豬可以用來祭祀。手下官吏依言去辦，果然跟黃霸所說一點不差。黃霸為官之細心竟然到了這等程度，大家將其奉若神明。郡裏的奸邪之徒因為懼怕黃霸，都紛紛跑到別的郡縣去了。

有一次，黃霸派一名年長和廉潔的下屬出行訪察。下屬微服出訪，恪守清正廉潔的作風，不肯在驛亭住宿，餓了就在路邊吃些食物。不巧，正在他吃飯時，忽然飛來一隻烏鴉，叼走了他手裏的肉。恰巧有人看到了這一幕，回到郡府就對黃霸講了此事。這個下屬回來後，黃霸趕緊上前慰勞，說：「太辛苦了！你在路上吃飯還被烏鴉搶走了肉。」下屬大驚，以為黃霸對他外出時的所有情況都瞭如指掌。

黃霸還注意官吏任用的持續性，盡量避免無謂的人員更替。許縣縣丞年老耳聾，督郵報告黃霸，請求辭退他。黃霸不同意，說：「許縣縣丞廉潔清明，雖然年紀大了，尚能勝任接待迎送的工作，要多幫助他，不要讓有賢德的人失望。」

有人問他為甚麼這麼做。黃霸回答說：「頻繁更換官吏，送舊迎新要花費不少錢財，而且奸猾小吏會乘機銷毀賬冊文書，盜竊財物，公私耗費都很多，所有的這些費用都要從百姓那裏得來。況且換上的新官也

未必賢德，甚至還不如他的前任。所以能不更換新官就盡量不要更換。」黃霸治理潁川，深得吏民擁護，郡內的戶籍人口逐年增長，「治為天下第一」。

公元前 55 年，已是七十七歲高齡的黃霸接替丙吉，當上了丞相。漢宣帝重用循吏與漢武帝重用酷吏恰形成了鮮明的對比。《漢書》稱讚宣帝朝，說：「漢世良吏，於是為盛，稱中興焉。」「王成、黃霸、朱邑、龔遂、鄭弘、召信臣等，所居民富，所去見思，生有榮號，死見奉祀，此廩廩庶幾德讓君子之遺風矣。」意思是說，漢宣帝一朝出現了眾多循吏，他們為任一方時會讓百姓富裕，離任之際會讓百姓思念；他們活着的時候有美好的名聲，死去之後也得到長久地祭祀，從這些人的身上，人們儼然見到了恪守道德、厲行禮讓的君子遺風。

外儒內法 vs 王霸雜用

漢武帝統治之時，國力強大的帝國具備了由無為模式切換到有為模式的資本。再加上漢武帝本人也不再甘心無為，而是要「大有作為」，要宣國威、顯實力、開疆土。因此，漢武帝才極力改變前任國策，調整國家的意識形態，「罷黜百家，獨尊儒術」。

可是，正如大臣汲黯所言，漢武帝是一個「內多

欲而外施仁義」之人，他推崇儒家卻不能身體力行。儒家治國的理想模式是「內聖外王」，可漢武帝看重和極力踐行的並非全部儒家思想，而僅僅是儒家的「外王」部分，即儒家比道家更能整合國家資源以有效地開疆闢土，儒家也比道家更能有效地塑造帝國的核心價值觀，儒家也比道家更能提升帝國的文化軟實力。如此一來，漢武帝本人多欲多求的外向型人格與儒家「修身為本」、「反求諸己」等思想之間就有了某種矛盾。漢武帝治下，國家的主流意識形態是儒家，可施政過程中卻往往又用法家的那套嚴酷手段，這也就形成了一種外儒內法的治理模式。此種模式之下，儒家是裝飾性的，法家才是真實的底色。司馬光直言漢武帝執政之嚴酷極像秦始皇，其原因正在於此。

漢武帝對外開疆闢土、大肆征伐，對內窮奢極欲、剝削百姓，幾十年搞下來，整個國家「戶口減半」，財政出現了危機，甚至整個國家都到了崩潰邊緣。《漢書》的〈食貨志〉稱，漢武帝「外事四夷，內興功利，役費並興，而民去本」。大儒董仲舒在給漢武帝的上書中，也說：「貧民常衣牛馬之衣，而食犬彘之食。重以貪暴之吏，刑戮妄加，民愁亡聊，亡逃山林，轉為盜賊，赭衣半道，斷獄歲以千萬數。」兩者

所描述的情況恰可相互印證，說明漢武帝後期百姓已然承受不住苛捐雜稅及繁重徭役的剝削，許多農民放棄了耕種田地，轉而成了盜賊。此等情形，大有「官逼民反」之勢。尤其可怕的是，漢武帝並沒有採納董仲舒提出的「薄賦斂，省徭役，以寬民力」的建議，而是繼續壓榨百姓。董仲舒死後，花費愈甚，天下虛耗。國家到了盜賊四起、人復相食的悲慘境地，表明其政權已然到了崩潰的邊緣。因此，到了漢昭帝時期，秉政的霍光不得不調整政策，重新與民休息。

在我看來，漢宣帝以王霸雜用的理念治國，其意義不僅在於實現了漢朝的中興大業，而且還標誌着帝國治理模式的完善與成熟。如果說春秋戰國時期，儒、道、墨、法等諸子百家思想是一種文化上的頂層設計的話，那麼秦漢時期的治理便是各家思想的一種社會實踐。秦朝是用法家理念治理國家的，是徹底的霸道、暴政，結果迅速亡國。秦朝滅國的教訓使建立漢朝的劉邦君臣深知，可用暴力奪取政權，萬不可再用暴力治理國家。因此，漢朝雖然在制度上繼承了秦朝的帝國體制，但在治國理念上卻一改秦朝的法家思路，而代之以道家的黃老之術，主張無為而治，讓百姓得以休養生息，六七十年積累下來，漢朝便有文景之治的盛世。

漢宣帝掌權後，除了繼續推行「與民休息」的國策外，更加大惠民力度，輕徭薄賦，對民眾實行儒家的仁政。漢宣帝針對漕運耗費人力、浪費嚴重的問題，果斷減少了一半的漕卒，大省漕運力役。對於遭受自然災害的地區，漢宣帝則減免租賦，對流民的撫恤力度也是空前之大。凡是回歸原籍的流民，由政府分給田地，並給予糧種，供其播種，還在一定的年限內免除租賦。經過多年的勸課農桑、輕徭薄賦，百姓民生得到了相當的保障，社會秩序穩定了下來。這是漢宣帝實行王道的一面。

漢宣帝的霸道則表現在他整頓吏治方面。漢武帝統治期間連年用兵，仗打到後來就出現了國庫空虛的問題。為了籌集錢財，漢武帝就用賣官鬻爵和輸財贖罪等辦法來增加財政收入。這樣一來，「入物者補官，出貨者除罪，選舉淩遲，廉恥相冒」，官場被搞得烏烟瘴氣，吏治異常混亂。漢宣帝親政之後，大力整肅吏治。

漢宣帝從小在民間長大，深知民間疾苦，史書上說他「高材好學，然亦喜游俠，鬥雞走馬，具知閭里奸邪，吏治得失」。他這一特點也對他整頓吏治大有幫助。他非常注意地方官員的選任，他曾說：「庶民所以安其田裏而無嘆息愁恨之心者，政平訟理也。與我

共此者，其唯良二千石乎！」因此，在任命郡守、刺史等地方大員時，漢宣帝往往親自召見，通過察言觀色來了解官員的品行、能力，隨後向官員交代任務。官員到任之後，漢宣帝則讓有關部門將官員治理地方的情況記錄在案，以作為升降考核的依據。如此一來，漢宣帝一朝的執政就形成了「寬以待民，嚴以律官」的風氣，王霸雜用的治理模式就此形成。

大帝國的治國模式，從秦朝的法家到漢初的道家，再到漢武帝的外儒內法，最後到漢宣帝的王霸雜用，不同的模式之所以要一次次地切換，並非完全出自不同帝王的個人喜好，實乃是帝國形勢發展之所迫。隨着帝國的發展及疆域的不斷拓展，其治理任務日益複雜。此種情形之下，任何單一思想文化下的治理模式都不足以承擔治理如此龐大帝國的複雜使命。大帝國的治理實踐，需要多元的思想資源來作為文化支撐，而先秦諸子百家的思想又恰恰為國家治理提供了足夠多元、足夠博大精深的文化資源。二者相互配合，大帝國的制度才能最終成熟，並得以長久存在。

胎死腹中的「蕭望之政改」

公元前 49 年，漢宣帝駕崩，太子劉奭即位，是為漢元帝。漢元帝是漢宣帝的長子，母親是許平君，就是被霍光妻子毒死的那位許皇后。

文青風格的皇帝

漢元帝是一個具有文青風格的皇帝，《漢書》中稱他「善史書，鼓琴瑟，吹洞簫，自度曲，被歌聲，分刌節度，窮極幼眇」。就是說他多才多藝，能寫一手漂亮的篆書，還會彈琴鼓瑟、吹簫度曲、辨音協律等，無不窮極其妙，令人嘆為觀止，非常有文藝范兒。可惜他被放錯了地方，當了皇帝。皇帝之位固然尊貴，可你不是那塊料兒也不行。為甚麼呢？史書上說漢元帝「牽制文義，優游不斷，孝宣之業衰焉」，意即他優柔寡斷，缺乏帝王應有的決策能力，結果，漢宣帝開創的中興大業在他手上轉入衰落。

劉奭「柔仁好儒」，他在當皇太子時，看着老爸漢宣帝「所用多文法吏，以刑名繩下」，即多用法家性格的官吏，動不動就用刑罰懲治下屬。而且，大臣楊惲、蓋寬饒等只因「刺譏辭語」就被殺害，覺得老爸的執政思路有可商榷之處。一天，他委婉地勸諫老

爸說：「陛下你使用刑罰太嚴厲了，應該多多用儒生，少用文法吏。」

結果，漢宣帝頓時「作色」，生氣了，翻臉了，說：「我們漢朝自有漢朝的制度，本來就是霸道和王道雜用的（既用王道也用霸道），怎麼能像周朝那樣單純地以德治國呢？更何況那班庸俗的儒生不能洞察世事變化，最喜好厚古薄今，連名與實之間的區別都分不清，怎能對他們委以重任！」

更關鍵的是，說完了這番話，漢宣帝又長嘆一聲道：「把大漢江山搞壞的人，就是太子了！」這話說得就非常重了，重到甚麼程度呢？漢宣帝都動了換太子的念頭。他從此就疏遠太子而愛淮陽王，說：「淮陽王明察好法，宜為吾子。」這是在暗示淮陽王劉欽更適合做自己的接班人。而且，當時淮陽王的母親張婕妤受寵，「上有意欲用淮陽王代太子」。

不過，漢宣帝是一個念舊情、懂感恩的人，他考慮到自己微賤之時許廣漢對自己有恩，將女兒許平君嫁給自己，生了劉奭，而許平君後來又被毒死。出於對已故許皇后的感恩，他最終沒忍心更換太子。然而，漢宣帝那聲「亂我家者，太子也」的長嘆一語成讖。

那麼，一個多才多藝且愛好儒術的皇帝又是怎樣將一個強大的漢朝折騰衰落的呢？

「蕭望之政改」

漢宣帝臨終之前，已經為漢元帝安排三位輔政大臣了，他們分別是樂陵侯、大司馬、車騎將軍史高，太子太傅、前將軍、光祿勳蕭望之，以及少傅、光祿大夫周堪，三人「皆受遺詔輔政，領尚書事」。

史高是漢宣帝祖母史良娣的兄弟史恭的長子，按輩份是漢宣帝的表叔。公元前 66 年，史高因檢舉霍禹有功而被封為樂陵侯。漢宣帝打擊霍家勢力時，依靠了史、許兩家外戚的力量，清算完霍家勢力之後，史、許兩家的勢力又隨之坐大。待漢宣帝託孤之際，史高、許章是當時外戚勢力的代表，史高更以大司馬、車騎將軍之職，領尚書事，有權傾朝野的架勢。

蕭望之是漢元帝的老師，是當時的名儒，道德品質沒得說，清正廉潔、剛直不阿。他是受丙吉推薦，在霍光秉政期間進入仕途的。可是，他看不慣霍氏飛揚跋扈的行徑，不肯依附，所以一直沒有受到重用。霍氏被清洗之後，蕭望之才受到漢宣帝的器重，屢獲提拔，直到被任命為太子太傅。周堪是太子少傅，也是儒生，政見與蕭望之一致。

漢元帝即位之後，蕭望之憑着「帝師」的便利條件，主張重用儒生，並勸導皇帝疏遠宦官和外戚。他

選拔明經達學的散騎諫大夫劉更生為給事中，與侍中金敞一起在漢元帝左右，負責給皇帝提建議。這時，蕭望之、周堪、劉更生、金敞四人同心謀議，向漢元帝提出很多匡正的建議。漢元帝也都採納了。這樣一來，漢元帝登基之初一度出現了厲行節儉、矯正前朝弊端的新氣象。比如，公元前 47 年，撤銷了專門為皇帝提供車馬服務的部門，同時還將皇家專用的一些園林、湖泊、池田，都「假與貧民」。第二年，宮中禁軍的編制也縮小了，政府的各項財政開支也隨之縮減。這些措施是自上而下的，表明了漢元帝登基之初很想矯正宣帝時期的奢華之風。

可是，蕭望之、周堪等人大力整頓朝政之舉，讓大司馬、車騎將軍史高有了權力被架空之感。史高與蕭望之產生了矛盾，漢元帝一朝的高層不團結了。

漢宣帝當政時期以王霸雜用的手段治國，多任用「文法吏」，不甚聽從儒生的意見，這導致了宦官當權。中書令弘恭、石顯因精通法令條文而長期主管朝廷機要部門，他們與大司馬、車騎將軍史高相勾結，不同意蕭望之等人的改革主張。兩派在朝廷之上展開辯論，弘恭、石顯等當然不是名儒蕭望之等人的對手。漢元帝也傾向於用儒術治國，認為弘恭、石顯等人的說法不正確。

蕭望之等人苦於許、史兩個外戚家族的人飛揚跋扈，又痛恨宦官弘恭、石顯擅權，就想打擊這兩股勢力。他向皇帝建言：「中書部門（皇帝的秘書機構）是政事之本，選用人才應該政務公開，宜從賢明士人中間擇優錄用。當初，漢武帝喜好在後宮享樂，所以才任用宦官做中書令，這既改變了國家舊制，又違背了古代賢君不重用宦官的基本原則。因此，應該將中書機構中的宦官罷黜掉，更換士人。」在當時來說，這是一項非常大膽的政改方案。

任何改革都會觸動既得利益集團的利益，蕭望之提出的政改方案也是如此。這一方案對國家來說是好事，可對宦官集團來說卻是一記重拳。中書宦官當然不肯眼睜睜地看着蕭望之等人將自己手中的「奶酪」輕鬆奪走。因此，還沒等蕭望之的方案實施，史高、弘恭、石顯等就結成了外戚與宦官的權力同盟，他們要一致反擊蕭望之。

這個時候，漢元帝的態度就顯得非常重要了。如果漢元帝態度堅決，力挺老師蕭望之，那麼政改方案可能也會得到落實。可惜，漢元帝偏偏是個優柔寡斷的皇帝。更換中書部門人選一事在朝廷上久議不決。漢元帝只是先讓劉更生出任宗正，掌管皇室親宗的事務。從這個決策中其實能看出他傾向於蕭望之的意

見，有意抑制外戚和宦官。蕭望之、周堪等人得到初步勝利，就不斷向漢元帝推薦名儒作諫官，漢元帝也多予以採納。

蕭望之之死

會稽郡有個叫鄭朋的官員，打算依附蕭望之，就上疏告發車騎將軍史高，說他派門客到郡國進行不法活動，還舉報了許家、史家子弟的若干罪過。鄭朋把奏章給周堪看了，周堪就叫鄭朋「待詔金馬門」，即讓鄭朋先待在文人薈萃的金馬門（相當於後來的翰林院），以等待進一步的提拔。

鄭朋為實現高升的目的，就一心攀附蕭望之，他上書蕭望之拍馬屁，說：「將軍你的身上有着周公、召公的德行，還有孟公綽廉潔的品質，還有卞莊子的勇敢果決。你以儒生的身份，在耳順之年得到了將軍的稱號，處在使敵人聞風喪膽的地位，這在士人中算是高到極點了。百姓看到你處在輔政的位置上，沒有不歡欣鼓舞的，都稱讚朝廷委任將軍是用對了人。現在將軍你是要做管仲、晏嬰那樣的比較好的輔政呢？還是要做周公、召公輔政那樣的頂級輔政呢？如果你的志向是做管仲、晏嬰那樣相對較好的輔政，那麼我現在就回鄉躬耕，修農圃之田，養雞種黍，教育自己的

兩個兒子，終老一生罷了；如將軍你立志要做周公、召公那樣的超一流輔政，要堵塞一切奸邪，親身實踐廢寢忘食、兼聽眾議的古訓，那麼我大概可以竭盡區區之力，磨煉刀刃，做點微薄奉獻了。」

蕭望之一看有人願意到自己的麾下效力，就接見了鄭朋，也採納了他的一些意見。可是後來蕭望之發現鄭朋為人不靠譜，不是一個正直的人，就與他斷絕了來往。如此一來，鄭朋對蕭望之心生怨恨，就又改投史高、許章門下，然後反戈一擊，說他以前所舉報的許、史兩家的事，都是周堪、劉更生等人指使的、捏造的。許章當時是侍中，他單獨接見了鄭朋，鄭朋出來揚言：「我見侍中時，說蕭望之過失五條，大罪一樁。中書令在旁，知道我說話的情況。」

當時的中書令就是弘恭、石顯。他們正愁找不到打擊蕭望之的把柄，現在鄭朋舉報了蕭望之，他們怎麼能不高興？於是，他們迅速將鄭朋舉報蕭望之的材料「移交了司法機關」，並給蕭望之羅織了結黨營私、離間君臣關係、圖謀罷掉車騎將軍史高、誣陷侍中許章等多項罪名。

弘恭、石顯向漢元帝告狀，說：「蕭望之、周堪、劉更生等人結成黨羽，互相恭維推舉，屢次誣陷控告大臣，誹謗離間內外親屬，想來專擅權勢，為臣不

忠，欺騙陛下，請謁者召致廷尉。」

當時漢元帝剛即位，不通政事，不懂得「謁者召致廷尉」是抓進監獄之意，就順口答應了他們的奏請。

後來，漢元帝要召見周堪、劉更生，結果說這些人都因犯罪被關進了牢獄。漢元帝大驚，責問弘恭、石顯。弘恭、石顯趕緊叩頭認錯。一認錯，漢元帝竟原諒了他們，同時下詔赦免了蕭望之、周堪、劉更生三人，但他們已經下獄，官職早就被免了。在案件尚未查實之前還不能官復原職。

蕭望之的兒子散騎中郎蕭伋上書，替老爸申冤，說老爸本來無罪，不該被抓進監獄云云。結果，弘恭、石顯故意向漢元帝建議說：「蕭望之以前離間君臣，想獨攬大權，僥倖沒判刑，你還對他賜爵封邑，可他不知悔過服罪，還教唆兒子上書，這不是『歸非於上』（故意把錯誤往皇帝身上推）嗎？對於這樣的人，我們再不把他抓到監獄中，那就太說不過去了。」

漢元帝也意識到了此事不妥，說：「蕭太傅素來剛直，怎麼肯接受吏人逮捕？」

可石顯等說：「人命至重，蕭望之犯罪，告訴他能減罪，一定沒事。」

於是，漢元帝又准許了弘恭、石顯的奏請。

石顯等命人迅速包圍蕭望之的住宅。使者到了，

召見蕭望之，蕭望之準備自殺，他的夫人勸阻他，認為這不是漢元帝的意思。蕭望之問門下學生朱雲，朱雲崇敬有節操之人，勸蕭望之自裁。於是蕭望之仰嘆，說：「我曾經充數將相，現年邁六十有餘，老了進牢，苟求活命，不也太庸俗了嗎？」於是，飲鴆自殺。

漢元帝聽到老師蕭望之自殺後十分震驚，拍着手說：「我本來就懷疑他不肯進牢獄，現在你們果然害死了我的賢師！」

此時正趕上吃午飯，漢元帝竟拒絕吃飯，為蕭望之的自殺悲傷涕泣，左右的人看了都十分感動。

漢元帝召見石顯等人，責問他們。石顯等人再次脫下帽子，磕頭認罪。結果漢元帝居然又原諒了他們。

蕭望之死了，有關部門請求斷絕他的爵位和封邑。漢元帝念及師恩，又詔令加恩，封蕭望之長子蕭伋為關內侯。漢元帝對老師追念不已，每年春季都派使者去蕭望之的墳墓祭祀，直至駕崩為止。

從蕭望之自殺這件事上，我們能看出漢元帝優柔寡斷到了何等地步，他明明知道老師蕭望之是正直之人，但卻一次次地聽信小人的讒言，直到把老師害死。對此，司馬光有一段透徹的評論，說：「甚矣，孝元之為君，易欺而難悟也！」意思是說，漢元帝這個皇

帝，真是一個容易被欺騙而難於覺悟的人。「夫恭、顯之譖訴望之，其邪說詭計，誠有所不能辨也。至於始疑望之不肯就獄，恭、顯以為必無憂，已而果自殺，則恭、顯之欺亦明矣。在中智之君，孰不感動奮發以厎邪臣之罰！孝元則不然。雖涕泣不食以傷望之，而終不能誅恭、顯，才得其免冠謝而已。如此，則奸臣安所懲乎！是使恭、顯得肆其邪心而無複忌憚者也。」意思是說，弘恭、石顯等人誣陷蕭望之，就算你開始辨別不出他們的欺騙手法，後來你懷疑到蕭望之會自殺，而弘恭、石顯認為沒事。結果，蕭望之果然自殺了。到了這個時候，弘恭、石顯等人的騙人手段是多麼明顯。這種事在中等智商的君王那裏，也一定會處死奸臣，讓他們為帝師之死抵罪。可是漢元帝卻沒這樣做，他自己雖然對老師之死傷心到痛哭流涕、不肯吃午飯的程度，可最終也沒誅殺弘恭、石顯，這兩個人只是「免冠謝罪」而已。如此一來，還用甚麼辦法來懲罰奸臣呢？正是漢元帝的這種做法才使得弘恭、石顯以後幹起壞事來肆無忌憚。

司馬光的分析非常正確。漢元帝放縱宦官逼死自己的老師蕭望之，放逐其他儒臣，對於他自己來說等於是自斷臂膀，使剛剛有起色的政改胎死腹中。蕭望之死後不久，中書令弘恭也病死了，石顯繼任中書

令。漢元帝健康狀況不佳，就將朝政全部委託中書令石顯來處理。如此一來，漢元帝雖為天子，權柄卻落在了石顯手中。

宦官石顯擅權

石顯非常善於結黨營私，他內與宦官結黨，外則勾結史丹、許嘉等外戚，並拉攏那些見風使舵的官員，分別形成了內黨和外黨，內外呼應，黨同伐異。有一位叫京房的易學大師上書提醒元帝不要寵信宦官，暗示漢元帝要罷黜石顯。漢元帝認可了京房的勸諫，也答應要罷黜宦官。可與京房談話之後，「上亦不能退顯也」，還是優柔寡斷，沒能罷黜石顯。

大權在握的石顯很快對京房進行了反擊，他先是將京房逐出朝廷，隨後又以「誹謗政治」之名將其處死。蕭望之、京房之外，還有御史中丞陳咸、待詔賈捐之等正直大臣上書言事，勸諫漢元帝要罷黜石顯，結果這些人也被石顯謀害。

漢元帝統治時期，宦官石顯擅權是一個最鮮明的特徵。石顯擅權導致綱紀紊亂、吏治腐敗。那時的官場到底腐敗到甚麼程度呢？我們不妨通過「昭君出塞」中的一個小細節來窺見一斑。

匈奴的呼韓邪單于要求同漢朝和親，漢元帝也同

意了，決定挑選一個宮女嫁給呼韓邪單于。一個叫王嬙（即王昭君）的宮女主動報名，管事的大臣聽到王嬙肯主動嫁到匈奴去，就彙報給了漢元帝。漢元帝讓呼韓邪單于和王昭君擇吉日在長安成親。

呼韓邪單于回匈奴前，帶着新婚的妻子王昭君向漢元帝辭行。這時，漢元帝才發現王昭君如此美麗，很想將她留下，可惜已經晚了。

為甚麼這麼漂亮的美女就在後宮，可漢元帝自己卻沒發現呢？原來，宮女侍寢時不是由皇帝直接挑選的，而是畫工畫了像，先送給皇帝看畫像，皇帝看中畫像後才會召幸本人。當時負責給宮女畫像的人叫毛延壽。當時官場腐敗盛行，毛延壽也發明了一種「權力尋租」的方法：哪個宮女給他送禮，他就把誰畫得漂亮；誰不送禮，他就故意將其畫得醜一些。王昭君沒給毛延壽送禮，她的美貌也就沒有被如實地畫出來。從這一個小細節就可看出，漢元帝時期官場的腐敗之風已經到了何等瘋狂的程度。官場腐敗無孔不入，朝政由盛轉衰也就不足為奇了。

就在王昭君出塞遠嫁匈奴的這一年，即公元前 33 年，漢元帝駕崩，年僅四十二歲。

好色荒淫的漢成帝

　　歷史上好色的皇帝很多，但人們一般都予以諒解或者說是理解。原因很簡單，當時的制度允許皇帝有三千後宮佳麗，面對如此眾多的美女，皇帝在為國事操勞之餘搞點風花雪月的事也屬正常。可即便用如此寬鬆的兩性呎度去衡量，漢成帝劉驁仍然是有名的好色皇帝，可見其好色程度之深。

寵妃班婕妤

　　史書記載，劉驁還在做太子時，就「以好色聞」，登基之後更是「湛於酒色」。他剛即位不久就「詔採良家女以備後宮」，從民間廣選美女，他花費大量的金錢，建造霄遊宮、飛行殿、雲雷宮等供自己淫樂。

　　漢成帝最初專寵結髮妻子許皇后，許皇后生了一兒一女，皆夭折。後來許皇后色衰，漢成帝便移情別戀，愛上了班婕妤。班婕妤是漢成帝剛剛即位時被選入後宮的，最初還是後宮中地位較低的少使，但很快就升為婕妤。班婕妤生了一個男孩，數月後也夭折。班婕妤出身於書香門第，不但人長得美，而且知書達禮、博通文史、見識不凡。一次，漢成帝在後宮遊

漢成帝劉驁（公元前 51 —前 7），漢元帝
長子。

玩，要與寵愛的班婕妤「同輦」，可班婕妤拒絕了，她說：「聖賢君王都是名臣在身邊，只有末世君王才整天跟寵愛的女人廝混在一起。」漢成帝聽了這話，「善其言而止」，覺得她說的好，終止了自己的任性動議。

班婕妤還把自己的侍女李平進獻給了漢成帝。李平也得到了漢成帝的寵幸，迅速升為婕妤。漢成帝說，漢武帝的衛皇后當年就是由微賤身份而進入皇宮的。於是賜李平姓「衛」，成了衛婕妤。

隨後，漢成帝又喜歡上了趙飛燕和趙合德姐妹，趙氏姐妹能歌善舞，「左右見之，皆嘖嘖嗟賞」，堪稱「色藝俱佳」，很快也成了婕妤。有了趙氏姐妹，許皇后、班婕妤、衛婕妤等人隨之失寵。

趙氏姊妹得寵

趙飛燕當上婕妤還不甘心，還想當皇后。為了實現自己的目的，她向漢成帝誣陷許皇后和班婕妤，說她們用巫蠱詛咒的方式，詛咒後宮有身孕的妃子，還咒罵過皇帝。公元前 18 年，許皇后被廢，之後又被賜死。班婕妤也受到了拷問，她的回答正氣凜然，說：「我好好地修正自己的言行，尚且不能得到福報，我怎麼會去幹邪惡的勾當？如果鬼神有知，他們不會接受不臣之人的申辯和訴求；如果鬼神無知，我向他們申辯也沒甚麼用。所以，我選擇沉默，不申辯，也不認罪，聽憑發落。」

漢成帝雖然不再寵愛班婕妤，但依然「善其對」，覺得她回答的水平極高，就赦免了班婕妤，並「賜黃金百斤」。趙氏姐妹仍然忌妒班婕妤，班婕妤自己也害怕久在後宮再遭陷害，就請求去長信宮侍奉王太后。漢成帝答應了她的請求。

許皇后被廢，皇后的位置就空了出來。漢成帝有

趙昭儀合德　趙右飛燕　漢成帝　班婕妤

從左至右：趙合德、趙飛燕、漢成帝、班婕妤。

意冊立趙飛燕為皇后，可是王太后不喜歡趙飛燕，就以其身世低微、非侯門之女為由加以阻攔。這時，王太后姐姐的兒子淳于長（此人是漢成帝的佞臣）做侍中，他居中斡旋，王太后才最終同意。於是，漢成帝先封趙飛燕的父親為成陽侯，如此一來，趙飛燕成了侯門之女，名正言順地登上了皇后的寶座。為了感謝淳于長的斡旋之功，漢成帝封淳于長為關內侯。

為了取悅新皇后，漢成帝令工匠在皇宮太液池建造了一艘華麗的御船，叫「合宮舟」。建成之後，漢成帝和趙皇后經常乘舟遊玩，興之所至，趙皇后就在舟中載歌載舞，為自己贏得了「飛燕能作掌上舞」的佳話。即便如此，趙飛燕後來還是失寵了，得寵的是她的妹妹趙合德。趙合德得寵之後，被封為昭儀。

趙氏姐妹忌妒成性，對後宮懷孕的女子瘋狂逼害。一個叫曹偉能的女子懷上了漢成帝的孩子，臨產時，趙合德竟命人拿着皇帝的詔書，毒死了曹姬，取走了嬰兒；嬪妃許美人懷孕，漢成帝暗中派御醫去探視，送給許美人三粒名貴的藥丸，以做保胎之用。許美人生下兒子之後，趙合德大哭大鬧，最後竟脅逼漢成帝掐死自己的兒子。趙合德忌妒成性固然可惡，可漢成帝甘心受其脅逼，竟然到了殺害自己親生骨肉的

地步，也真是可惡至極。

趙飛燕、趙合德姐妹雖然先後受寵，但均未生子。她們又瘋狂逼害後宮懷孕女子，直接導致了漢成帝絕後，皇位只能由姪子劉欣繼承。

總的來說，漢成帝之荒淫好色有以下幾大特點：其一，好色的歷史比較長，還在當太子時就「以好色聞」，一直到駕崩，始終好色不已。其二，好色造成的危害十分巨大，不但花費了大量資財，荒廢了政事，而且直接導致「絕後」。古人講「不孝有三，無後為大」，對皇帝來說尤其如此。其三，也是最關鍵一點，漢成帝最後竟因好色而駕崩。公元前 7 年，漢成帝突然在未央宮駕崩。此前，「帝素強無疾病」，並沒有生病，而且，第二天還準備接見辭行的楚思王劉衍和梁王劉立。那他突然駕崩的原因何在？漢朝的伶玄著有《趙飛燕外傳》，其中說漢成帝暴卒的原因就是縱慾過度。原來，為了迎合漢成帝的好色，趙合德命人秘製了一種壯陽丸。漢成帝服用之後，與趙合德「一丸一幸」，性趣盎然，日不虛度。據說，「三月丙戌」這天夜裏，漢成帝與趙合德同床時竟然連服七丸。結果，漢成帝第二天早上就死在了趙合德的懷裏。

《趙飛燕外傳》是野史，固然不能全信，但將其

與正史上的記載相比對，亦頗多暗合之處。《資治通鑑》中有關漢成帝之死的記述是這樣的：「昏夜平善，鄉晨，傅綺韤欲起，因失衣，不能言，晝漏上十刻而崩。民間歡嘩，咸歸罪趙昭儀。皇太后詔大司馬莽雜與御史、丞相、廷尉治，問皇帝起居發病狀。趙昭儀自殺。」意思是，頭一天的黃昏和夜裏還一切正常，到了第二天早晨，漢成帝穿褲襪要起床，突然衣服滑落，他就說不出話了，當計時的晝漏到了十刻之時，漢成帝駕崩了。民間喧嘩，都歸罪於趙昭儀。皇太后詔令大司馬王莽，與御史、丞相、廷尉一起組成專案組，審理漢成帝起居和發病的情況。壓力之下，趙昭儀自殺了。《漢書》的〈外戚傳〉也有對漢成帝之死的記述，內容與《資治通鑑》完全相同（僅太后的詔書為全文引用，用字較多而已）。正史和野史相比照，漢成帝死於縱慾過度的概率極高。

漢成帝無子，此前立定陶恭王的兒子劉欣為太子。漢成帝駕崩後，劉欣即位，是為漢哀帝。

外戚擅權真要命

對於西漢的末世，史學上有「衰於元成，敗於哀平」的說法，意思是說漢元帝、漢成帝兩朝是衰落

期，漢哀帝、漢平帝兩朝則是敗亡期。西漢王朝自漢元帝時期就走上了由盛轉衰的道路，及至漢成帝時期，其衰亡之勢不可遏制。史學家呂思勉說：「漢治陵夷，始於元帝，而其大壞則自成帝。帝之荒淫奢侈，與武帝同，其優柔寡斷，則又過於元帝。朝政自此亂，外戚之勢自此成，漢事遂不可為矣。」意思很明顯，就是說漢成帝要對西漢王朝的滅亡負極大的責任。

從漢成帝的母親說起

漢成帝的母親叫王政君，原是漢元帝劉奭的皇后，兒子劉驁登基之後，她隨之成了王太后。這個王太后的家族，也就成了西漢晚期最有名的外戚勢力，最後篡奪了西漢政權的王莽就是王太后的侄子。所以，這個叫王政君的女人在西漢末期絕對不能忽視。

王政君的父親叫王禁，年輕時曾在長安學過法律，「為廷尉史」，母親是魏郡李氏。王政君十八歲時進入後宮，成了宮女。一年之後，太子劉奭異常寵愛的女人司馬良娣去世了，太子異常悲傷，「悲恚發病，忽忽不樂」。得知此事後，漢宣帝就讓皇后選擇一些漂亮的宮女送給太子，以轉移其悲傷的情緒。皇后選了五個宮女，王政君是其中之一。

等太子來朝見皇后時，皇后就讓太子相看五個宮

女，並讓左右的人問太子喜歡哪一個。當時太子的心情還很悲傷，「殊無意於五人者」，對這五個美女並無興趣，可是也又不好意思拂逆了皇后的好意，就隨便說：「此中一人可。」當時，王政君坐的位置離太子最近，又只有她一個人穿了絳色花邊的衣服。所以，太后的左右就認定太子看中的是王政君，太后便命人將王政君送進了太子宮中。

這次非常偶然的機會一下子徹底改變了王政君的命運。她進到太子宮中之後，「得御幸，有身」，很快就懷孕了。在她之前，太子後宮的娣妾十幾人，「御幸久者七八年」，但都沒有一個人能懷孕生子。只有這個王政君，「一幸而有身」，隨後「生成帝於甲館畫堂」，「宣帝愛之，自名曰驁，字太孫，常置左右」。就是說，她先是順利懷孕，隨後生了兒子，而且這個兒子還深得漢宣帝的喜愛，運氣實在是太好了。

更好的運氣還在後頭。三年之後，漢宣帝駕崩，太子即位，是為漢元帝。漢元帝又立劉驁為太子，王政君也隨之當上了皇后。她的父親王禁、父親的弟弟王弘也被加官晉爵，王氏家族開始登上了漢朝的政治舞台。父親王禁死後，「謚曰頃侯」，長子王鳳繼承這個頃侯的爵位。

漢元帝駕崩之後，太子劉驁即位，是為漢成帝。

從左至右：王昭君、馮婕妤、傅昭儀、漢元帝、王皇后。

母親王政君隨之被尊為皇太后，而舅舅王鳳則為大司馬大將軍領尚書事，益封五千戶，外戚王氏的權勢由此迅速壯大。

宦官退，外戚進

在漢元帝時期，宦官石顯擅權，氣焰囂張。漢成帝登基之後，首先就打擊了石顯及其所代表的宦官勢力。他先用明升暗降的辦法任命石顯為長信中太僕，使其離開權力中心。大臣一看這樣的人事安排就明白了皇帝用意，丞相匡衡和御史大夫張譚等聯名「條奏顯舊惡」，上書揭露石顯及其黨羽過去的罪惡。漢成帝下令查辦石顯，石顯很快被免官，「徙歸故郡，憂滿不食，道病死」。石顯一死，他的黨羽也隨之被清洗。借着打擊宦官石顯一事，漢成帝乘勝追擊，於公元前 29 年下詔，「罷中書宦官」。自此，宦官擅權的現象被徹底解決。罷掉中書宦官是漢元帝該做而沒做成的事，現在漢成帝迅速解決了這個問題，也算是一件善政。

可惜的是，「宦官去而外戚愈張」，漢成帝一朝的國事「無補於治」。漢成帝在封自己的舅舅王鳳為大司馬大將軍之外，又封太后的弟弟王崇為安成侯，「食邑萬戶」。

當時有大臣提出，漢高祖劉邦當年與功臣有白馬之盟，非劉姓不得為王，非功不得封侯，這是一項極其重要的政治遺囑，「今太后諸弟皆以無功為侯，非高祖之約，外戚未曾有也」，意思是說，這違反了漢朝祖制，是不應該的。這種意見得到了大多數朝臣的支持，「言事者多以為然」。

王鳳感到形勢不妙，上書「乞骸骨」，請求辭職。

可漢成帝不許，說：「朕委將軍以事，誠欲庶幾有成，顯先祖之功德。將軍其專心固意，輔朕之不逮，毋有所疑。」

漢成帝非但不抑制外戚王氏家族的勢力，反而還在公元前 27 年又一口氣分封自己的五個舅舅為侯：王譚為關內侯，王商為成都侯，王立為紅陽侯，王根為曲陽侯，王逢時為高平侯。一年就封王氏家族的五個人為侯，世所罕見，所以百姓就將這五人稱為「五侯」。與五人封侯相伴的，便是「王氏子弟皆卿、大夫、侍中、諸曹」，全部進入官場，當了大官，他們「分據勢官滿朝廷」，形成了極大的政治勢力。

王鳳在發展壯大自己家族勢力的同時，還打擊異己，排斥忠良。漢成帝許皇后的父親許嘉，自漢元帝時就為大司馬車騎將軍，至漢成帝時已經輔政八九年了。按說，這人是皇帝的岳父，也是位高權重的

人物。可王鳳不服，與之展開了鬥爭，結果，許嘉被免，敗下陣來。

還有一股外戚勢力也對王鳳家族形成抗衡力量，那就是王商（此人不是皇后的兄弟，是另一個人）。王商的父親王武是漢宣帝的舅舅，堂兄王接曾任大司馬車騎將軍，王商本人任丞相，他不但有外戚家族的背景，而且政治見識和能力均在王鳳之上。《資治通鑑》稱王商「內行篤，有威重，位歷將相，國家柱石臣也，其人守正，不肯屈節隨鳳委曲」。可見，王商是一個正直、有操守的人，可就是這麼一個人，王鳳覺得他不肯依附自己，很不爽，就設法加以陷害。他與外戚史丹合謀，派人秘密調查王商的隱私，又教唆頻陽（今陝西富平）人耿定上疏誣陷王商。結果，王商被免去了丞相一職，氣得大口吐血，三日後悲憤而死。隨後，王商在朝廷中任職的子弟親戚也一律遭到了貶黜。至此，王鳳及其家族已沒有了反對派，徹底控制了朝政。

舉一事即可說明王鳳囂張到何等程度。公元前 24 年，漢成帝打算讓劉歆當中常侍，快要下發任命書的時候，皇帝左右的人說：「大將軍並不知道。」皇帝說：「這麼一件小事，不用跟大將軍說了吧？」結果，「左右叩頭爭之」，請他還是跟大將軍打個招呼。

皇帝一看，那就跟大將軍打個招呼吧。結果，王鳳認為這個事不行，最後竟然把皇帝的這個動議給否決了。

王鳳權傾朝野，公卿見鳳，側目而視，郡國守、相、刺史皆出其門。王氏家族的權力大到這個程度，怎能不囂張跋扈？史書載「五侯群弟，爭為奢侈，賂遺珍寶，四面而至。後庭姬妾，各數十人，僮奴以千百數，羅鐘磬，舞鄭女，作倡優，狗馬馳逐，大治第室，起土山、漸台、洞門、高廊、閣道，連屬彌望」，極盡享樂奢華之能事。

王鳳擔任大司馬大將軍長達十一年，他臨死之前推薦王音代替自己。王音這個人還比較靠譜，「為修整，數諫正，有忠節」，漢成帝封他為安陽侯。

對於外戚勢力的坐大，漢成帝也一度很反感，甚至是大怒，但最終還是不了了之。事情是這樣的：成都侯王商曾經生病，要避暑，就跟皇上借用明光宮。後來他乾脆鑿穿了長安城牆，把水引到自家大院中，修一人工湖，自己坐船在湖上遊玩，「立羽蓋，張周帷，輯濯越歌」。

有一次，漢成帝到王商家中，看到他竟然敢「穿城引水」，心裏非常生氣，但嘴上沒說。後來皇帝微服出訪，經過曲陽侯王根的宅院，又見院內土山漸台

似類白虎殿。漢成帝大怒，就以此事責備王音。

王商和王根兩人一看皇帝發怒了，就趕緊請太后保自己，「欲自黥、劓謝太后」。皇帝聽說這事之後，更加生氣，就讓尚書責問司隸校尉和京兆尹。一番審查之下，知道成都侯王商等人驕奢淫逸，越禮僭上，還審出紅陽侯王立父子藏匿罪犯、收容亡命之徒做門客等不法行為。

這個時候，王商、王根兩人也知道害怕了，「二人頓首省戶下」。

漢成帝賜書車騎將軍王音說：「外戚家族自己取禍，招致敗落，卻要在太后面前刺字、割鼻子，以讓我母親傷心，這太可惡了！王氏外戚的宗族日益囂張，身為皇帝，我已經寬待你們很久了，今天咱們就一塊算總賬。你傳令各位諸侯，讓他們在府中好好等着。」就在這一天，漢成帝詔令尚書上奏當年漢文帝誅殺將軍薄昭的舊事，以此威懾王氏家族。

王音趕緊上書請罪，王商、王立、王根等人「皆負斧質謝」。

按說，漢成帝若真的想懲治外戚，此時完全可將其一網打盡。可是，漢成帝最後還是寬恕了他們，史書上稱：「上特欲恐之，實無意誅也。」原來皇帝只是要嚇唬嚇唬這些外戚，並沒真想殺掉他們。漢成帝之

優柔寡斷，於此可見一斑。甚至可以說，正是由於漢成帝的姑息養奸，才造成了王氏家族外戚擅權的可怕局面。

王音輔政八年後去世，接替他是成都侯王商。王商輔政四年後因病「乞骸骨」，接替他位置的是曲陽侯王根。這兩個人明明曾奢侈僭越，為非作歹多年，可依然得到漢成帝的重用。如此一來，朝政哪裏還能好轉？

王根輔政五年，「乞骸骨」，推薦王莽代替自己的位置。漢成帝認為王莽「有忠直節」，遂提拔王莽為大司馬。

一年以後，漢成帝駕崩，漢哀帝即位。

終漢成帝一朝，外戚王氏已然牢牢地控制了朝政大權，漢哀帝從小就知道王氏家族跋扈囂張，心中也不喜歡他們，可是自己剛當上皇帝，沒力量對抗，為了保住自己的皇位，也只好優待王氏家族。

公元前 1 年，漢哀帝駕崩（在位六年）。哀帝無子，此時已是太皇太后的王政君遂任侄子王莽為大司馬。王莽為便於擅權，不立年歲較長者為君，而是立了年僅九歲的劉衎當皇帝，是為漢平帝。劉衎是漢元帝劉奭之孫，中山孝王劉興之子。年僅九歲的皇帝不能親政，大司馬王莽名正言順地掌控了朝政。

公元 6 年，漢平帝病逝。此時，大權在握的王莽又立漢宣帝玄孫中年齡最小的劉嬰為帝，此時他只有兩歲，史稱孺子嬰。兩歲的兒童更不能執政，王莽「踐祚居攝，如周公傅成王故事」，當上了攝政王。攝政三年之後，王莽乾脆廢掉了孺子嬰，自己另起爐灶，建立了新朝。至此，外戚徹底篡奪了西漢的天下。

「超級影帝」王莽

社會發展是有勢能的，一股勢力也好，一種思潮或趨勢也罷，在長時間的積聚之下往往會形成巨大的能量。這種能量會在某一特定的歷史時刻藉助某一人物或事件得以爆發、釋放。比如，春秋時期的一個社會特點是「禮崩樂壞」，越到後來越嚴重，直到發展成「陪臣執國命」的驚人程度；戰國時期的兼並戰爭亦是如此，戰爭越打越大，諸侯國越來越少，直到最後出來個秦始皇，將六國全部兼併，形成了一個大秦帝國。

西漢王朝也是如此。外戚在這個王朝的權力結構中始終佔據重要地位，開國皇帝劉邦一死，太后呂雉就重用自己的娘家人。這個口子一開，外戚擅權的幽靈就始終籠罩在西漢王朝的上空，越到後來越嚴重，直到最後外戚出身的王莽篡奪了西漢的天下。

王莽超卓的「演技」

王莽是王太后的侄子。王太后即王政君，是漢元帝的皇后，歷經漢朝後期元、成、哀、平四世，其王氏家族是西漢後期最著名的外戚家族，王莽則是這個家族中極為出色的人物。王莽的父親王曼早死，沒能封侯。正因這個原因，王太后經常在漢成帝面前說，自己的二哥早死，二哥一家孤兒寡嫂，希望漢成帝多加照顧。

早年的王莽是個絕佳的模範青年，或者說他的表演足以讓所有人都認為他是個模範青年。他孝敬母親和寡居的嫂子，對叔伯長輩極其謙恭有禮。伯父王鳳病重時，他日夜侍候，衣不解帶。王氏家族的子弟奢侈享樂，「以輿馬聲色佚游相高」，過的都是聲色犬馬的日子。只有王莽不但生活儉樸，而且還拜大儒陳參為師，「勤身博學，被服如儒生」。在王氏一群紈綺子弟之中，王莽的表現簡直可用「出淤泥而不染」來形容。因此，大司馬大將軍王鳳臨終之前，極力向王太后和漢成帝推薦王莽。由此，王莽「拜為黃門郎，遷射聲校尉」，進入了官場。

王莽謙卑，好學，且有才能，很快贏得了各方的讚譽，漢成帝也認為王莽是難得的人才，遂封他為新都侯，後又「遷騎都尉、光祿大夫、侍中」。一般人

都是「官升脾氣長」，越升官越囂張，可王莽正相反，官越大越謙卑。王莽還禮賢下士，常把自己的俸祿分給門客和平民。如此一來，王莽憑着「超級演技」為自己贏得了極高的聲望。

為甚麼說王莽的上述表現是「演技」，而非「本色生活」呢？因為他打擊政敵的手段露出了馬腳。淳于長是王太后的外甥、王莽的表兄，此人善於阿諛奉承。當初，漢成帝想立趙飛燕為皇后，王太后不同意。後來，經過淳于長居中斡旋，王太后同意了。經過此事之後，他深得漢成帝的信任，掌管皇宮的禁衛，成為九卿之一。此人出道早，地位也比王莽高。大司馬王根要「乞骸骨」之前，多數人認為淳于長會繼任大司馬。王莽表面上也支持表兄當大司馬，可暗地裏卻秘密搜集了淳于長的罪行，然後利用探望叔父王根之際告了淳于長的惡狀。原來，淳于長一直與被廢的許皇后的姐姐私通。在沒被確定為大司馬接班人之時，淳于長顧及影響，不敢公開此事，待被確定為大司馬接班人時，他就得意忘形了，竟然明目張膽地將許皇后的姐姐娶進家裏，做了小妾。這種事在今天看來屬「不正當男女關係」，可在當時簡直是「大逆不道」：你與皇帝的大姨子私通，還公然娶其為小妾，你讓皇帝情何以堪！王根得知此事後，大怒，迅速向

王太后和漢成帝彙報。此事最後的結果是,淳于長「伏誅,莽以獲忠直」,政敵被處死了,而王莽本人還獲得了「忠直」的美名。

公元前 8 年,王根病重,從大司馬的位置上「病退」,同時舉薦了王莽。由此,王莽在三十八歲就當上了位高權重的大司馬之職。在西漢後期,外戚以大司馬之職行輔政之實已成定例,王莽之前,他們王氏家族已有王鳳、王音、王商、王根四人當過大司馬,這四人均是王莽的父輩。等王莽以大司馬輔政之時,他的聲譽超過了自己的四位叔伯。更關鍵的是,當上大司馬之後的王莽繼續修煉演技,「匿情求名」。王莽執政克己不倦,招聘賢良,所受賞賜和錢財全都用來款待名士,他自己的生活卻非常儉樸。他的母親生病了,朝廷高官派夫人前來慰問、探望,王莽的妻子出來迎接,「衣不曳地,布蔽膝」,身上穿的完全是粗布衣服,異常簡陋。「見之者以為僮使,問知其夫人」,看望者開始還以為出來迎接的是王莽家的奴僕,一問才知道是王莽的夫人。堂堂大司馬的夫人,穿着與僮僕一樣簡陋,眾人「皆驚」。

賜號「安漢公」

公元前 7 年,漢成帝去世,漢哀帝即位。漢哀帝

的祖母定陶傅太后及丁太后的家族開始得勢。這兩股
新的外戚勢力與王莽發生了矛盾，王莽遂辭職引退，
回到他的封國新都。他閉門不出，安份謹慎。退隱期
間，王莽的二兒子王獲殺死了家奴，王莽嚴厲地責
罰，並逼王獲自殺，此事為王莽贏得了「大義滅親」
的好評。於是，上至朝廷官員，下至民間儒生和普通
百姓，均自發為王莽喊冤，認為他不該被罷官。強大
的輿論壓力之下，漢哀帝只得重新徵召王莽回京城，
但並沒有恢復其大司馬的官職。

公元前 1 年，漢哀帝駕崩，並未留下子嗣。此
時，傅太后、丁太后早已去世，主持朝政的大任再次
落到了王太后王政君的頭上。漢哀帝駕崩當天，她就
起駕到未央宮，收回傳國玉璽，同時下詔，要求朝中
大臣推舉大司馬人選。群臣會意，紛紛舉薦王莽，只
有前將軍何武與後將軍公孫祿表示反對。兩人互相推
舉對方，以示對王氏外戚專權的不滿。但這種反對顯
然不足以改變形勢，王太后很快下詔任命王莽為大司
馬，領尚書事，並兼管軍事及禁軍。為了防止大權旁
落，王太后和王莽姑侄特意擁立年僅九歲的劉衎當皇
帝，是為漢平帝。漢平帝年幼，不能親政，朝政全由
王莽主持。直到此時，王莽才暴露出他要篡奪漢家天
下的野心。

王莽　孺子嬰　王皇后　漢平帝　孔光

從左至右：王莽、孺子嬰、王皇后、漢平帝、孔光。

東室趙莽大甫寫於海上

王莽先拉攏當時的大儒、大司徒孔光。孔光是三朝元老，深受王太后和朝野的敬重，王莽一邊主動接近這位大儒，一邊引薦其女婿甄邯擔任侍中兼奉車都尉。孔光為人謹慎，但膽小怕事，面對王莽的拉攏、誘惑，他不敢拒絕。之後，王莽以王太后的名義讓孔光彈劾何武與公孫祿（這兩人曾反對王莽擔任大司馬），藉此將二人免職，隨後又以各種罪名陸續罷免了那些反對自己的官員。

排斥異己的同時，王莽還極力培植自己的勢力。他以自己的堂弟王舜、王邑為腹心，用親信甄豐、甄邯主管糾察彈劾。這些黨羽善於揣度王莽心意，王莽想幹甚麼事情時，只要略微示意，黨羽就會按他的意思上奏。

公元 1 年，王莽的黨羽向王太后上奏，稱王莽「定策安宗廟」的功績與霍光一樣，應該享受與霍光同等的封賞，還說王莽「有定國安漢家之大功，宜賜號曰安漢公」。王莽則上書謙讓，說所有的正確決策都是他與孔光、王舜、甄豐、甄邯等人共同研究制定的，希望太后只獎勵他們四人，自己不肯受賞。王莽越是謙虛，越能彰顯自己的美德，而他的黨羽則越是起勁地向王太后吹捧王莽的功績。推辭再三之後，王莽終於接受了「安漢公」的稱號，並住進了當年相國

蕭何的故宅。

為了繼續獲取民心，王莽建言對諸侯王和功臣的後裔大加封賞，隨後又封賞百官，對平民百姓也推行恩惠政策，以此博得朝野的一致好評。公元 2 年，全國大旱，引發了蝗災。王莽自己帶頭捐錢、獻地，隨後大批官員響應，紛紛獻出土地住宅救濟災民。同時，災區普遍減收租稅，災民得到撫恤。王莽甚至還將皇家園囿改成災民安置點，還在長安城中為災民建了一千套住宅。王莽的這些作為贏得了民心，以致有人說他可與古代聖人相比。

立女兒為皇后

當年袁世凱要稱帝，他的二兒子袁克文不贊成父親的做法，並作詩諷諫。在王莽一步步地篡奪西漢天下的過程中，也出現過相似一幕。

王莽是以外戚身份掌控朝政大權的，為了防止漢平帝的外戚衛氏家族出面瓜分自己的權力，他就將漢平帝的母親衛氏一族封到中山國，使其遠離權力中心，並禁止他們回到京師。這一招對打擊衛氏一族當然有釜底抽薪之效，不過此舉也徹底暴露了自己的野心。王莽長子王宇極力反對父親的做法，認為此舉會在日後招致漢平帝的打擊報復。可是，王莽不聽兒子

的勸諫。父子之間的矛盾就此爆發。

王宇的老師吳章說，王莽這個人不聽勸告，但可藉助鬼神的力量使其改變主意。於是師徒二人就謀劃了一件「狗血案」。王宇讓自己的大舅子呂寬在半夜時用狗血塗抹在王莽府邸的門上，然後想借鬼神之說嚇唬王莽，使其改變主意。可惜，呂寬在半夜塗狗血時被人發現了。王莽得知兒子用這種方法對付自己後，非常生氣，就把兒子王宇逮捕入獄，後又將其毒死。王莽還借「狗血案」之機網羅罪名，誅殺了外戚衛氏一族，受牽連被殺者數以百計。

最能表現王莽「演技」的，莫過於他立女兒為皇后一事。公元 3 年，王莽想讓自己的長女王嬿當皇后，王莽是怎麼做的呢？他採取了四個步驟：其一，上奏說，皇帝即位已經三年了，現在還沒有皇后，後宮女人的數量也不夠，請有關部門抓緊為皇帝選拔根正苗紅、貌美賢淑的女子。此建議很快被採納，「事下有司，上眾女名」，有關部門抓緊搜集高官貴族之家適婚女子的姓名，以備選拔。王氏家族勢力最大，所以「王氏女多在選中者」。

這麼多王氏女子都在備選之列，如何保證自己的女兒一定勝出呢？王莽自然有高招，他採取了第二個步驟：以退為進。他上書說：「我王莽無德，我女兒的

資質也比較差，不宜列入備選後宮的女子之列。」他等於說先發表了一個棄選聲明。王莽這麼一搞，連他的姑姑王太后都被感動了，也跟着模仿說，王氏家族的女兒都是我這個太后的親族，為了避嫌，不要再從王氏家族中選後宮女人了。王太后一發話，整個王氏家族的女兒都退出了競選皇后的行列。

第三步，王莽的黨羽紛紛上書，說：「安漢公王莽功勳如此之大，他的女兒不當皇后，天理難容。我們一致請求立安漢公的女兒為皇后。」

第四步，謙讓。王莽說，我的女兒可不能當皇后，真的不行，你們不要再上書了，皇后還是另選他人吧。朝廷的公卿則堅持說：「必須立安漢公的女兒為皇后，如果立了其他人的女兒做皇后，我們一萬個不答應！」事情到了這一步，王莽假裝被逼無奈接受，說：「既然你們一再堅持，那就讓你們見見我女兒，面試一下吧。面試的時候一定要嚴格把關。」於是，王太后下詔讓有關部門面試王莽之女。面試的結果是：「安漢公的女兒要德有德，要才有才，要貌有貌，非常適合當皇后。」然後，再走占卜程序，占卜的結果自然也是「逢吉之符」。於是，王莽的女兒名正言順地當上了皇后。

女兒當上皇后的第二年，王莽就加號「宰衡」，

位在諸侯王公之上，向着最高權力又靠近了一步。王莽奏請建立明堂、闢雍、靈台等禮儀建築，還特意為學者建造一萬套住宅，網羅天下學者到長安來宣揚儒家禮樂文化，此舉使王莽得到儒生的擁戴，都稱頌他為賢良聖人，幾乎可與周公相媲美。

王莽在朝中大權獨攬，但他對姑姑王政君則「誑耀媚事」，他一面用錢財收買王太后身邊的人，一面封給太后的姐妹「湯沐邑」。王莽的收買手段果然奏效，太后身邊的人全都說王莽的好話，太后自然也就相信自己的侄子是個賢德之人。王莽知道姑姑整天待在宮中煩悶，就找各種藉口讓王太后「四時車駕巡狩四郊」，經常到京城周邊走一走，看一看，「存見孤、寡、貞婦」，太后訪貧問苦，所到之處，「輒施恩惠，賜民錢帛、牛酒」，如此一來，百姓感激王太后，王太后感到臉上有光，越加信任王莽。

公元 6 年，漢平帝駕崩。王莽為了使自己能順利操縱朝政，就立只有兩歲的劉嬰為皇帝，是為孺子嬰。而王莽則受太皇太后之詔，代天子理政，稱「假皇帝」，臣民則稱王莽為「攝皇帝」。

王莽幾乎等同於皇帝，這引起了劉氏宗室的反對。首先發難的是安眾侯劉崇，他於公元 6 年率領百多人進攻宛城，連城門都沒有攻入就失敗了。公元 7

年，東郡太守翟義又起兵，擁立嚴鄉侯劉信為皇帝，通告各地，討伐王莽。不過，王莽很快調軍鎮壓了翟義的起義。

平定造反勢力之後，王莽的黨羽假借讖緯、祥瑞之名勸王莽稱帝。王莽在一番謙讓之後，於公元 8 年毅然接受了孺子嬰的禪讓，正式稱帝，於次年改國號為「新」。王莽以安漢公之名篡奪了西漢王朝的江山，如此荒謬之事發生在一個王朝的末期，似乎也不足為奇。到了這時，他的姑姑、太皇太后王政君才知道被王莽騙了。她試圖拒絕交出傳國玉璽，但這樣的想法無疑太幼稚了。在王莽使者的勸說、威脅之下，她最終交出了玉璽，王莽如願以償地當上了皇帝。

短命王朝

當上皇帝之後，王莽進行了一系列改革，包括土地改革、幣制改革、商業改革及官名地名改革等，內容非常龐雜。不過其改革的總體思路具有復古主義。比如，他將土地收歸國有，稱為「王田」，不准私人買賣。這個措施本意是打擊西漢末年的土地兼併現象，可是一刀切地執行下去，也給民生造成了諸多不便。若有人恰好缺錢急用，原本還可賣地救急，經王莽改制之後，土地不讓賣了，反而一點辦法都沒有

了；另有一些人辛勤勞作，本想賺錢買地置業，王莽將土地一律收歸國有，這些人的夢想也隨之破滅了。再比如，王莽下令不得買賣奴婢，這本來含有尊重人權的色彩，可是在當時施行也屬不合時宜。當時的社會沒有充分的社會保障機制，一個人窮得走投無路之際，唯一活命的機會便是賣身為奴。王莽強令不得買賣奴婢，本想救窮人於水火，可在實踐過程中卻斬斷了窮人最後一個活命的機會。王莽還曾推行貨幣制度改革，結果也是事與願違，使經濟陷於癱瘓。總而言之，王莽的改革最終因食古不化及過度的理想主義而失敗。

王莽改制失敗，各地不斷爆發農民起義，南方有綠林軍，北方有赤眉軍。公元 23 年，綠林軍攻入長安，王莽在混亂中為商人杜吳所殺，新朝滅亡。

王莽是一位備受爭議的歷史人物。班固在《漢書》的〈王莽傳〉中，稱王莽「既不仁而有佞邪之材」，「肆其奸慝，以成篡盜之禍」，意思是說，他是一個篡位的「巨奸」。美國學者德效騫（Homer Dubs）也斷言王莽不過是一個聰明的陰謀家，他魯莽地推行自己的思想，得罪了所有的人，結果導致了毀滅。唐代大詩人白居易也基本上認定王莽是個陰謀家。可是，胡適則認為王莽是一位社會主義者、空想家和無私的

統治者，他的失敗只是因為他的改革措施出台得太早（早了大約一千九百年）。哥倫比亞大學畢漢斯教授（Hans H.A. Bielenstein）的觀點則比較折中，他指出：王莽不是班固所述的那個無能、狡猾、偽善和妄自尊大的蠢人。他還指出，從積極的一面衡量，王莽是機智而能幹的。他無疑受自己經歷的影響，不願把自己帝王的權力下放給他人，並且嚴密監視他的官員的表現。他嚴厲到逼使三個兒子、一個孫子和一個侄子因犯法而自盡。這與西漢諸帝縱容其親族相比，應受到稱讚。從消極的一面衡量，王莽是一個過份地依賴古文學派經典的有點迂腐的儒生。他不喜歡聽批評意見，並且像當時所有的皇帝那樣，有迷信思想。我的個人判斷是：王莽是一個既有出色才華又善於演戲的「超級影帝」。他的種種言行，雖有真誠成份，但總體上不出「沽名釣譽」的套路。他的人生目標是向聖賢看齊，做不成真聖賢，就只能假裝聖賢；他的施政綱領也一味復古，想效仿古代的井田制，將天下治理成大同世界，結果是大同世界不可得，反倒搞得哀鴻遍野、盜賊四起，自己亦隨之身死國滅。

從頂層設計到人間百態

大帝國的頂層設計與漏洞修補

公元前 221 年，秦始皇統一六國。此事對他本人而言算是完成了秦國幾代君王的夢想，對整個中國歷史而言，則意味着開啟了一種新的國家治理模式 —— 皇權專制的帝國模式。簡單地說，這種新模式以皇帝集權和郡縣制為主要特徵。關於「皇帝」的創立，司馬光在《資治通鑑》中有簡潔的概括：「王初併天下，自以為德兼三皇，功過五帝，乃更號曰『皇帝』，命為『制』，令為『詔』，自稱曰『朕』。」這充分顯示了當時秦始皇志得意滿、狂妄自大的心理，他覺得自己的功勞超過了三皇五帝，需要有一種高於歷史上一切統治者的稱號，同時還要有些自己的專用術語來配合自己高高在上的地位，於是就有了「制」、「詔」、「朕」等皇帝壟斷用詞。

確立「皇帝」稱號，推行郡縣制

其實，統一六國絕對不是秦始皇一個人的功勞。秦統一六國，是一個漫長的歷史過程，從秦孝公任用商鞅變法開始，秦國就走上了對外擴張之路，歷經秦孝公、秦惠文王、秦武王、秦昭襄王、秦孝文王、秦莊襄王六代君王，兼併戰爭的接力棒才傳到秦始皇的

手上。這是一場接力賽，秦始皇不過是幸運地成為跑最後一棒的選手而已。賈誼說秦始皇統一六國是「奮六世之餘烈」，這是一點都不錯的。秦始皇把兼併天下的功勞完全劃在自己名下，這即便不算是貪天之功據為己有，也屬竊祖先之功為己能，是很不厚道的做法。當然，秦國一直用法家思想治國。法家本身就有一種歷史虛無主義的傾向，主張「法後王」而非「法先王」，即總認為當代的統治者勝過歷史上的統治者。擁有權力的人本來就容易任性，再長期受到法家「法後王」思想的鼓動，那秦始皇認為自己「德兼三皇，功過五帝」在當時看來也可以理解。可是，在後世人眼中，這無疑是十足的狂妄自大。三皇指的是天皇、地皇、人皇（泰皇），五帝指的是黃帝、顓頊、帝嚳、堯、舜，他們在中國人的歷史敘事中是統治者的頂級典範，被稱為「聖王」，他們治下的天下甚至被稱為大同世界。秦始皇怎麼會比三皇五帝還厲害呢？這不是天大的笑話嗎？

製造了「皇帝」稱號之外，秦始皇還廢除了「謚法」。古代的君王、后妃、大臣死後，後人會根據他們生前的道德品行給一個寓有褒貶色彩的稱號，是為謚號。謚號分美謚、惡謚、平謚三種，美謚有文、武、明、睿、康、景、莊、宣、懿等，帶有褒獎色

彩；惡謚有厲、靈、煬等，有批評之意；平謚則有懷、悼、哀、閔、殤等，含有同情的意味。謚法起始於西周時期，春秋戰國時期一直沿用。可是，到了秦始皇這裏，他看着謚法不順眼，說：「人死了之後根據其生前的德行來給予謚號，這是兒子議論父親，臣子議論國君，這事不靠譜。從今以後，廢除謚法，不能這麼幹了。」

不用謚號了，又該如何稱謂前代統治者呢？秦始皇想的辦法很簡單，就用數字來一代代地稱呼，數字化管理，多先進。而且他還幻想着自己的大秦王朝能「傳之無窮」，構想得多麼美好。

根據五行相生相剋的理論，秦始皇認為周朝是火德，現在秦替了周，那秦朝就該是水德。既然確定了秦朝為水德，相應的就以十月為一年的歲首（在此之前的周代以十一月為歲首），衣服和旗幟都用黑色，數字則以「六」為吉祥數，做甚麼東西都以「六」為單位，符節（皇帝使者的信物）、法冠（祭祀、朝會時帶的禮帽）都六寸，車子兩個輪子之間的距離為六尺，馬車也要用六匹馬來拉。

最後，他還要將自己統治的天下劃分為三十六郡，就是「六六三十六」，可見，秦始皇真是把對「六」這個數字的迷戀發揮到了極致。每個郡都設置郡

守、郡尉和郡監三個地方官，他們是皇帝在地方的代理人，由中央任命，接受中央發給的固定俸祿。更關鍵的是，他們的職位不能世襲，皇帝隨時可以罷免他們。這樣一來，皇帝就緊緊地抓住了地方官員的人事任免權，皇帝對郡守等官員的控制力遠遠超過了周天子之於各諸侯國。周天子對於各諸侯國採用的是分封制，等於承認那片土地及人民就交給諸侯及其後代去治理了，至於具體如何治理，他們自己看着辦，周天子不干涉。他們只要到時來朝貢，向他們述職，並送來土特產就可以了。秦始皇對於郡守之類的官員可不一樣了，地方官是皇帝任命的，在地方管理上必須貫徹皇帝的意圖，否則，皇帝隨時會換掉你。這可以說是國家治理結構上的一大變化，由周天子與諸侯之間的分權模式，一變為官員必須服從皇帝、地方必須服從中央的集權模式。

發動戰爭，大興土木

推行郡縣制，意味着必須對原來六國的王族及官員做出妥善安置。秦始皇的做法是採用移民的辦法，「徙天下豪富於咸陽十二萬戶」，把這些人都遷移到咸陽，置於中央政府嚴密的監控之下。與大規模移民相伴隨的還有全國範圍內地銷毀兵器運動，把原來六國

的兵器全都收繳到咸陽來，在這裏熔鑄成十二個巨大的「金人」，放在宮中。這兩項措施的用意是消除六國舊貴族及民間力量對秦王朝的威脅。

為了與政治上的大一統相配合，秦始皇也在文化上推行了一系列標準化建設，實行「一法度衡石丈尺，車同軌，書同文字」，這就是人們常說的秦始皇統一文字和度量衡。原來，周朝初期通行的文字是大篆，後來大篆字體在各諸侯國之間有不同的地區性變化，文字的書寫變得五花八門。秦始皇覺得這種情況不方便中央政府的管理，遂下令文字的書寫一律用標準的小篆體。

後代學人一致認為，秦始皇統一文字對中國歷史的影響極其巨大，以中國幅員之廣大，如果沒有統一的文字，那整個國家長期的政治統一是不可想像的。崔瑞德（Denis Twitchett）、魯惟一（Michael Loewe）主編的《劍橋中國秦漢史》（*The Cambridge History of China Vol.1: The Ch'in and Han Empires, B.C.221-A.D.220*）一書稱，在造成政治統一和文化統一的一切力量中，文字的一致性（與方言的多樣性正好形成對比）肯定是最有影響力的因素。

當然，秦始皇在統一文字的同時，更統一意識形態，將不利於秦朝統治的百家學說一網打盡，這便

是有名的「焚書坑儒」。「焚書坑儒」開啟了集權帝國鉗制思想、摧殘文化的惡劣先河。打壓諸子百家的思想之後，秦朝可以理所當然地推行愚民政策。如此一來，思想的黃金時代結束了，百姓「以士為師」的時代也結束了，取而代之的是「以吏為師」——他們不能也不用向孔子、老子等人學習，簡簡單單地聽本朝官吏的話就行了。為甚麼呢？因為各級官吏就是皇帝的代理人，他們是皇帝的傳聲筒，聽他們的話就等於聽皇帝的話。秦始皇是有史以來最英明的人物，他的思想比諸子百家的思想還厲害，他的話自然也最正確、最管用。

從這裏我們可以看出，秦始皇在擁有「法統」（即大帝國最高的世俗權力）之後，還想把「道統」納入自己的囊中。這就充分暴露了他對權力的貪婪。幸好，後世的統治者吸取了秦始皇的教訓，他們在取得了「法統」之後不再覬覦「道統」。秦以後的歷代皇帝只統攝帝國的行政權力，而不敢公然宣稱自己是道德文化上的首席導師。「道統」的地位一般要讓位於儒家學說的創始人孔子，只有他才有資格稱為「大成至聖先師」。可以說，這是後世君主對秦始皇設計的帝國治理模式的一種極為重大的「漏洞修補」。沒有秦始皇的最初設計，皇權無法集中；沒有後世的「漏洞

「焚書坑儒」圖

修補」，皇帝手中的權力太大，也會把整個國家給快速毀掉。

與統一文字和統一思想相比，統一度量衡就顯得非常簡單了。戰國時期，各國之間度量衡的單位各不相同，車軌的寬度不一樣，長度單位不一樣，斗升的容積單位也不一樣，這不利於統一、高效的帝國管理，所以秦始皇一律將其統一。統一的辦法也簡單，就是把原來秦國的度量衡標準推行全國。

制度上的頂層設計完成之後，秦始皇開始採用一系列暴虐的手段來管理大帝國，具體措施包括對外擴張、大興土木和一次次耀武揚威的出巡。他北面打擊匈奴，南面進攻百越，兩線同時作戰，帝國的疆域因擴張戰爭而迅速擴大，但付出的代價也相當慘重。北線，蒙恬率領進攻匈奴的兵力有三十萬人；南線，派去進攻百越的兵力至少有五十萬人。為了進行這兩場大規模的戰爭，秦始皇不得不在統一了六國之後繼續實行戰時體制。他在北方讓蒙恬主持修建長城，並建造了「秦直道」。「秦直道」是一條南北向的秦國交通大動脈，「道九原，抵雲陽，塹山堙谷」，即起於秦始皇的夏宮雲陽，向北進入鄂爾多斯沙漠，跨越黃河的北部大彎道，最後抵達九原（今天內蒙古包頭以西），全長七百多公里。要修建這樣的大工程，在當時的生

產力水平下絕非易事，所以「秦直道」至秦始皇死時還沒完成。在南方，秦始皇則修建了靈渠。

秦始皇在都城咸陽更是大興土木。咸陽在當時已經擁有六十萬人口，是名副其實的大都市。可是，當天下權力和財富都不斷往都城聚集的時候，原有的咸陽城似乎還不夠大，於是秦始皇就為咸陽建了兩座衛星城：麗邑和雲陽，一個十五萬人，一個二十五萬人。此外，他還徵發七十萬人修建阿房宮和驪山陵墓。

對於秦始皇發動擴張戰爭與大興土木之間的關係，日本學者鶴間和幸在《始皇帝的遺產：秦漢帝國》一書中認為，諸如長城、直道、阿房宮、麗邑、雲陽、靈渠，都是在新的天下形勢下，為實行戰時體制所需要的土木建設工程。因此，不能說「秦統一天下而修萬里長城」，而應該說「秦統一天下後，在發動對外戰爭時修萬里長城」。這個觀點我覺得非常值得重視。史學家錢穆在《秦漢史》一書中也說，秦始皇下大力氣建設咸陽及其衛星城，「其意在集天下之視聽，而聳動鎮炫之，以使凝定於一尊也」。也就是說，秦始皇之大興土木，實乃其戰時體制之組成部分，它們或直接服務於前線作戰，或為了震懾百姓，以達致維護帝國穩定之效。

都城咸陽及其衛星城的富麗宮殿畢竟不是全國人民都能看到的,所以其對百姓的心理威懾力仍然有限。為了讓帝國盡可能多的人能「被威懾」,秦始皇前後五次出巡。為了便於出巡,又修建了遍佈全國的馳道,馳道「東窮燕齊,南極吳楚」,「道廣五十步,三丈而樹,厚築其外,隱以金椎,樹以青松」。

可惜的是,秦始皇的出巡並沒有收到他預期的效果。一方面,他東行瀛洲求長生藥的夢想徹底破滅,另一方面,他想用盛大的出巡排場來威懾百姓的目的好像也沒達到,恰恰相反,至少有兩個人正是通過觀看了他的出巡而生起了「反心」。這兩個人一個叫項羽,另一個叫劉邦,一個說「彼可取而代也」,另一個說「大丈夫當如是」。詭異的是,秦朝後來還真就被這兩個人給推翻了。在反秦的諸路大軍中,劉邦最先帶兵進駐了咸陽,項羽到來後更是洗劫了這座富麗的都城,並放火燒掉了阿房宮。熊熊的火光之中,秦朝也隨之灰飛煙滅。

羅馬不是一天可以建成的,大帝國的統治也不可能輕易完成,秦始皇不過是大帝國程式的首席程式員,大帝國必然要經歷一個不斷升級的過程,中間要不斷「打補丁」,「修補漏洞」。

歷史並沒有把給大帝國「打補丁」的機會留給秦

始皇的後代。秦朝「二世而亡」，非常短命。修補大帝國漏洞的任務只能由漢朝的君臣來完成。

功臣不能信

劉邦出身底層，跟着他打天下的大部分人也是草根階層，所以西漢剛創建之際是一個平民政權。草根出身的君臣在當時根本無力重建一套政治運作體系，所以只能因陋就簡，「漢承秦制」。不過，漢朝人吸收了秦滅亡的教訓，馬上得天下，不能馬上治天下，知道治理一個大帝國不能一直採用戰時體制，不能總是用法家那套嚴刑峻法的方式治理國家。要廢除秦朝的暴政，他們就用黃老之術，實行無為而治，讓百姓休養生息。這是漢初的執政理念，以這樣的理念執政，也開創了文景之治。可是，總是無為而治也不行。匈奴總是欺負我們，我們要反擊；再者，休養生息五六十年之後，國家富了，漢武帝覺得光攢錢不花花也不爽，老是無為而治豈不顯得無能？於是就「罷黜百家，獨尊儒術」，在國家的主流價值觀上實現轉型。

權力分配方面，劉邦剛剛建立漢朝的時候，這天下就相當於一個大股份公司，你劉邦是帶頭大哥，是大股東，你當皇帝，這沒問題。可那些與你一塊打天

下的弟兄們呢？人家也持有原始股，你一上來就把人家的股權給吞併嗎？沒這個道理。於是，剛建立漢朝的時候，劉邦自己當皇帝，也封功臣為王，共分了七個王。秦朝剛被推翻之際，項羽當楚霸王，曾試圖將秦朝的帝制變回周朝的諸侯制，他分封了十八個王，劉邦是其中之一。現在，劉邦自己當皇帝，仍分封功臣為王，可見他採取的是一種混合政體──既繼承了秦始皇創建的帝制模式，又採用了當年項羽的一些做法。

混合政體並沒有持續太久。劉邦與功臣很快離心離德，互相猜忌。隨後，他以叛亂、暗殺、叛國等罪名將異姓諸王清除（僅長沙王吳芮幸免）。清除異姓王之後，劉邦大封同姓王和嫡系功臣，並約定非劉姓不得王，非有功不得侯。

同姓也靠不住

劉邦清除異姓王、改封同姓王，這可看作是漢朝權力分配上的一次本能反應，其效果大可質疑。異姓王靠不住，同姓王難道就靠得住嗎？王雖然代之以同姓，但諸王的領土面積並未改變，大者有五六個郡，下轄幾十座縣城，諸王在自己的封地內擁有與皇帝相匹敵的官僚系統、軍事力量和宮殿建築。在極大的權

力誘惑面前，不但骨肉相親做不到，而且骨肉相爭也在所難免。

　　賈誼就看出了這種權力分配結構上的重大缺陷，他給漢文帝上疏說：「臣竊跡前事，大抵強者先反。淮陰王楚最強，則最先反；韓信倚胡，則又反；貫高因趙資，則又反；陳豨兵精，則又反；彭越用梁，則又反；黥布用淮南，則又反；盧綰最弱，最後反。長沙乃在二萬五千戶耳，功少而最完，勢疏而最忠。非獨性異人也，亦形勢然也。曩令樊、酈、絳、灌據數十城而王，今雖以殘亡可也；令信、越之倫列為徹侯而居，雖至今存可也。」賈誼看問題的眼光非常精準，漢初諸異姓王叛亂，並不是因為他們不與劉邦同姓，而是因為他們勢力太大，有造反的本錢。你越有造反的本錢，皇帝就越發猜忌你。只要諸王具備造反的可能性，皇帝就睡不好覺。皇帝為了能睡個好覺，就得想辦法清除掉你們這些異姓王——你們造反得清除，不造反逼着你們造反也得清除。賈誼還說，如果漢高祖當初封樊噲、酈商、周勃、灌嬰這些最忠實可靠的部下為王，給他們幾十座城的封地，他們也會叛亂，最後也會被滅族；如果劉邦當初只封韓信、彭越等人為侯，他們沒那麼大的實力，也不會造反，他們的家族至今仍在。

然後，賈誼得出結論說：「要想讓諸王對中央忠心依附，最好的辦法就是讓他們像當初長沙王一樣實力弱小；如果想讓臣子免於被處死，最好的辦法就是讓他們像樊噲、酈商那樣沒有太大的權勢。想要天下長治久安，最好的辦法就是多封諸侯，稀釋他們的實力。他們的實力小，就容易讓他們遵守君臣之義，他們的封國小，無力反抗中央，他們也不會有造反的想法。」

　　分析完問題之後，賈誼給漢文帝提出了解決問題的辦法，就是「把各同姓王的封地也都分成若干份，分給不同的子孫繼承，直至地分完為止」。漢文帝聽從了賈誼的建議，逐步實施削藩計劃。削弱藩國的行動一般通過下列措施進行：諸侯的封地被分成若干小封地，皇室近親中的劉氏成員被新立為小封地之王；若某一個國謀反，被鎮壓後中央就接管該國的土地，將其化為帝國的郡縣；還有，若某王死後無子，沒有法定繼承人，那麼正好「國除」，這個封國就不再設了，封地也隨之收歸中央。經過漢文帝時期，中央政府接管了梁國的部分土地，化為東郡；趙、齊、代等國的部分封地劃出來，增設了河間、城陽、濟北、太原四個王國。淮陽國則直接被分為淮陽、潁川、汝南三個郡，直接進了中央的口袋。

漢景帝時期，朝廷繼續採取措施去縮小諸侯國的領地。最大的舉措當然要數平定七國之亂的軍事行動了。公元前154年，吳王劉濞聯合楚、趙等國發動了叛亂。吳王劉濞當時已經六十二歲，他帶頭發動叛亂，既有形勢使然的因素，亦有個人恩怨的刺激。

劉濞是漢高祖劉邦的侄子，他二十歲時跟隨劉邦一起討伐英布。因從軍有功，劉邦於公元前195年封劉濞為吳王，「王三郡、五十三城」，即統轄東南三郡五十三個城。吳國有豫章郡銅山，劉濞遂招致天下亡命者盜鑄錢，東煮海水為鹽。吳國地盤大，國內又有資源優勢，所以，吳國很快就「國用饒足」。有錢有勢有地盤，所以吳國也就有了造反的資本，這正應了賈誼所說「強者先反」的道理。

另外，吳王劉濞與漢景帝之間早就有矛盾。漢文帝時，吳國太子與文帝太子（即後來的景帝）飲酒對弈時發生了矛盾，結果，皇太子用棋盤猛擊吳太子，竟把吳太子給打死了。這個吳太子就是劉濞的親兒子，且是他確定的接班人。此事之後，吳王劉濞怨恨漢文帝，開始與中央離心離德，先是不遵守藩臣之禮，慢慢地就乾脆稱病，不到中央來朝拜漢文帝了。

漢景帝當政後，接受了御史大夫晁錯的削藩建

議，先後削掉了楚王的東海郡、趙王的常山郡和膠西王的六個縣。看到別的王被削，吳王害怕自己的封地也被一點點削掉，遂聯合楚、趙、膠西、濟南、淄川、膠東共七個諸侯國，以「清君側」為名發動了叛亂，史稱七國之亂。

漢朝名將周亞夫很快平定了七國之亂，劉濞兵敗被殺。借着平定七國之亂的機會，漢景帝將七國徹底廢除，其封地全部納入中央政府的管轄之下。

藩王再無力對抗中央

平定七國之亂，意味着由皇帝代表的中央政權在與諸藩王的權力較量中取得了勝利，諸王的權力則再一次被削弱。但是，七個藩國聯合發動叛亂，對帝國的打擊和震撼也是相當之大的，這也促使帝國的最高統治者下決心尋找更徹底、更完善的解決方案。到了漢武帝統治時期，「推恩令」政策出台，這個問題終於得到了根本解決。

公元前 127 年，主父偃上書漢武帝指出，古代諸侯的封地不過百里，為的就是不使他們的實力太強，以便中央能控制他們。現在諸侯的封地有幾十座城池，土地方圓千里，中央如果寬容他們，他們就驕奢淫亂，不守法度；中央若用急切手段削奪他們的

勢力，他們就聯合起來反抗中央。如果用法令硬性削藩，就有可能刺激藩王叛亂，就像當年晁錯主張削藩而導致七國之亂那樣。現在，各諸侯有的已經有十幾個兒子了，可是，繼承藩王之位的只有嫡長子，其餘的兒子一點封地都得不到，這不符合仁孝之道。現在皇帝可以下令讓諸侯推恩，讓諸侯的兒子都有權繼承一塊封地。這樣諸侯之子人人都可得到封地，封地隨之被分成若干小份了，不用削藩而各藩國的實力自然而然就變弱了。

主父偃的建議既迎合了漢武帝鞏固專制主義中央集權的需要，又不給藩王以武裝反抗的口實，堪稱兩全其美之策。漢武帝接受了建議，頒佈了「推恩令」。如此一來，藩王的支庶都被封為列侯，藩國被分為若干侯國。按照漢制，侯國隸屬於郡，地位與縣相當。幾代之後，藩王轄地僅有數縣，再也無力對抗中央了。至此，中央與藩王之間的權力平衡得到了確立，帝國的中央集權才名正言順地落到了實處。

從秦朝到西漢，是中國歷史上的帝制創建階段。秦始皇創建了一個大一統的帝制王朝，西漢在制度層面上繼承了這份「始皇帝的遺產」。西漢的幾代君臣通過一次次修補，逐漸完善了帝國制度的意識形態、執政理念和權力分配格局。可以說，正因為有了這些

「漏洞修補」措施，西漢才將一個皇帝集權的「帝國編程」傳給了中國。在漢朝之前，秦朝的帝國名聲不佳，在漢朝之後，帝國就已被人們接受為正統的王朝治理模式，一直沿用到清朝結束。

秦漢兩個王朝，不只在時間上緊密相連，二者在帝制模式的承接關係與執政理念的轉換之間，在統一王朝權力的一貫維護與意識形態的多方調試之間，在中央與地方權力架構的硬性規定與彈性探索之間，均有着極其複雜的歷史脈絡——漢對秦既有一脈相承的制度繼承，又有着極其明顯的改變與探索，這中間的人事演變過程和思想文化張力，非常耐人尋味。

政權合法性在秦漢兩朝的不同構建

在夏、商、周三代，政權合法性的問題是建立在「君權神授」理論之上的，具體的操作方案則是通過占卜來完成的，比較有名的說法就是周成王「定鼎於郟鄏，卜世三十，卜年七百，天所命也」。意思是說，周成王把象徵着政權的九鼎遷到洛陽時就曾占卜過周王朝的壽命，結果是傳世三十代，享國七百年。可見當時的周天子是有敬畏之心的，他知道自己能當天子不代表自己的後代子孫永遠能當天子，自己的王朝也

不會永遠存續，他用占卜的方式給自己的政權賦予了一個期限：傳位三十世，七百年。

秦始皇的出巡魔咒

秦始皇統一了六國之後，在巨大的勝利面前，他的野心無限膨脹，他覺得自己的功勞超過了歷史上的三皇五帝，自稱「皇帝」。不僅如此，他也不滿足於有期限的執政了，而要無期限執政，「朕為始皇帝，後世以計數，二世、三世至於萬世，傳之無窮」。按照他的構想，秦既然能以武力統一六國，就足以靠武力維繫自己的政權，且「傳之無窮」。這種簡單、粗暴的思維方式與秦朝一貫奉行的法家治國理念是一致的。另外，秦始皇殘忍、驕縱的性格也讓他天然地把武力作為政權合法性的全部依據。正是在這種思路的指導之下，秦始皇「廢封建而行郡縣」，「分天下以為三十六郡」，這等於把權力完全抓在了皇帝一人之手。權力之外，武力也很重要，為了避免他人用武力奪取自己的政權，秦始皇收繳了天下的兵器，將其熔鑄成十二個「金人」。兵器收了還不算，潛在的不穩定分子也得監控起來，於是就又徙天下豪富於咸陽十二萬戶。這樣一來，權力到手了，潛在的危險也都消除了，剩下的就是大興土木、縱情享樂了。於是，他修

長城、修驪山陵墓、修阿房宮，以盛大的排場一次次地出巡，一次次地刻石記功。

秦始皇出巡，除了旅遊之外，亦有震懾天下之意 —— 盛大的車隊、華美的儀仗、訓練有素的衛兵以及他們手持的精良武器，足以烘托出皇權的至高無上。從這個意義上講，秦始皇的一次次出巡，就相當於現在的一次次大型閱兵或軍事演習。秦始皇既然以暴力作為自己政權合法性的唯一基礎，那麼他以炫耀武力的方式出巡也就成了其統治術中的一個自然選項。秦二世剛繼位時還跟趙高說：「先帝巡行郡縣以示強，威服海內。今晏然不巡行，即見弱，毋以臣畜天下。」隨後他也「東行郡縣」。可見，皇帝出巡在秦朝是被當作一種常規的統治手段來使用的。

可惜的是，當缺乏更高的道義力量時，單純炫耀武力有時非但不能收到預期的「威服」效果，可能還會激起民眾的逆反心理。秦始皇出巡時就遇到過這樣的尷尬。項羽和劉邦均親眼看見了秦始皇出巡時的盛大場景，項羽發表的觀後感是：「彼可取而代也。」劉邦則說：「大丈夫當如是。」有意思的是，秦朝後來還真被項羽、劉邦兩個人給推翻了。可以說，兩人見到秦始皇出巡時心中所產生的「羨慕、嫉妒、恨」，猶如雨後春筍一般，節節生長，最終長成了推翻秦王朝

的力量。

秦始皇的出巡就中了這個魔咒，秦王朝的最後崩潰也與其政權合法性不足關係甚大。將政權合法性建立在武力之上，就像將高樓建在沙灘上一樣，不論大樓暫時看上去多麼宏偉、華麗，倒塌都是為期不遠之事。秦始皇幻想着自己的王朝「傳之無窮」，可實際卻是「二世而亡」，是歷史上有名的短命王朝。

漢高祖的龍種謊言

劉邦比秦始皇只小三歲，他親身經歷了秦朝從統一到崩潰的全過程，且參與反秦運動之中。可以說，他對秦朝統治的種種弊端有着深刻的感性理解。劉邦建立漢朝之後，他吸收了秦朝滅亡的種種教訓，其中也包括政權合法性的建構問題。概括地講，劉邦對漢朝政權合法性的建構基本上是通過兩個方面完成的，一個是編造謊言，另一個是實行文治。

先看劉邦如何編造謊言。《史記》的〈高祖本紀〉說：「高祖，沛豐邑中陽里人。姓劉氏，字季。父曰太公，母曰劉媼。其先，劉媼嘗息大澤之陂，夢與神遇。是時雷電晦冥，太公往視，則見蛟龍於其上。已而有身，遂產高祖。」這段記述，前半部分是寫實：劉邦是江蘇沛縣中陽裏人，他父親叫劉太公，他母親

叫劉媼。從他爹媽的名字就可看出，劉邦是個出身低微的人——爸爸、媽媽連個正經的名字都沒有。那這麼一個底層人家的孩子憑甚麼後來能當上皇帝呢？後半部分就給出了解釋，劉媼在野外睡覺的時候夢見了神，當時電閃雷鳴，天顯異象。劉太公去的時候又看見有一條蛟龍在劉媼的身上。隨後，劉媼懷孕，生下的孩子就是劉邦。這段記述等於明白無誤地告訴我們，劉邦天生就不是凡人，而是龍種。既然是龍種，那日後當上皇帝還不是天經地義的事？你們要問漢朝的政權合法性在哪裏嗎？這就是政權合法性之一：劉邦是龍種，他當皇帝就是天命，天命不可違，所以漢朝的政權也是天命所繫，是不可動搖的。

為了佐證劉邦是龍種，史書上還記述了發生在劉邦身上的其他異象，比如「隆準而龍顏，美鬚髯，左股有七十二黑子」，這個謊言好理解，既然是龍種，那長得就得跟龍有點相似。還有，「常從王媼、武負貰酒，醉臥，武負、王媼見其上常有龍，怪之」。這是說他喝醉酒的時候，真龍便原形畢露了。劉邦遇蛇擋路，拔劍斬蛇。結果，有一老嫗說，劉邦所斬之蛇是白帝子，「今為赤帝斬之」，這等於明白無誤地告訴人們：劉邦就是赤帝，是天龍下凡。劉邦斬蛇起義之後，為逃避秦朝官府的追殺，曾「隱於芒、碭山澤岩

石之間」，官府找不到，可劉邦的老婆呂雉就能找到，找到的原因竟然是「季所居上常有雲氣，故從往，常得季」。說劉邦所在的上空有雲氣，這雲氣就是呂雉的導航儀，所以她能輕易找到劉邦。

不要小看了劉邦身上這些有關龍種、龍顏、七十二黑子、雲氣等神乎其神的傳說。我們生活在科學昌明的今天，很容易看出這些都是謊言，但在兩千多年前，這些謊言還是很能忽悠人的。司馬遷是我極其推崇的史學家，就連他所著的《史記》都一一記錄了這些謊言，這說明了甚麼？說明劉邦在當上皇帝之後，有意通過權威機構來發佈了這些謊言，這些謊言一遍遍地重複，最後竟然成了「主流敘事」和「主流史觀」。我們在劉邦身上看到，謊言重複一千遍雖然仍是謊言，但是這些謊言幫助他完成了政權合法性的建構，隨後還堂而皇之地寫入歷史書中。謊言是假的，但它在歷史上所起到的作用卻是真的。我們看史書，發現許多開國皇帝出生時都天有異象，我覺得這些皇帝大概都是跟劉邦學的 —— 既然編造謊言能有力地為自己的政權合法性提供依據，那何樂而不為呢？

編造龍種謊言來為自己的政權尋找合法性依據，這雖是騙人的辦法，但它比秦始皇那種單純迷信武力還是要好得多。因為這時的帝王已經知道了武力的限

度，即憑武力可以奪得政權，但憑武力卻不能讓政權長治久安。這也就是人們常說的馬上得天下，不能馬上治天下的道理。有意思的是，這個說法最初就是陸賈給劉邦說的。陸賈曾追隨劉邦平定天下，他有出色的口才，曾成功地說服南越王歸順漢朝。陸賈是儒生，常在劉邦面前「稱詩書」，劉邦向來看不起儒生，遂罵之，說：「老子的天下是靠馬上征戰得來的，哪裏是靠談詩論書得來！」

陸賈回答說：「從馬上奪得天下可以，難道治理天下也靠馬上功夫嗎？」

反問之後，陸賈就以歷史上正反兩方面的例子做了論述，說：「商湯和周武王的政權都是逆取順守，他們也是靠武力奪得的政權，但奪得政權之後，他們治理國家時就實行仁政了，這樣他們的王朝才得以長久。過去吳王夫差和智伯就因一味地依賴武力而導致滅亡。秦國的先祖造父曾有功於周穆王，穆王將其封到趙城，可是，秦一直靠嚴刑峻法治理國家，最後滅亡了。假使秦在統一了六國之後實行仁義之道，效法前代聖賢的治理理念，陛下您怎麼會有機會得到天下？」

聽了陸賈的論述，劉邦「不懌而有慚色」，雖然不高興，但也知道自己理虧，很慚愧。於是他讓陸賈

著書，專門論述秦所以失天下，他所以得之者的原因。陸賈連續寫了十二篇文章，結果，每一篇文章都得到了劉邦的高度認可。陸賈所寫的這十二篇文章結集成書，是為《新語》。

《新語》可以說是文治思想的重要理論著作，亦可以說是漢朝初年的執政綱領。按照陸賈的說法，秦朝之所以滅亡，既因為它的統治者傲慢自大、奢侈無度，亦因為它的治理手段過於嚴酷殘暴，不近人情。《新語》強調，帝國一定要積極地推行仁政，帝王要盡力效法古代優秀帝王，要樂於傾聽大臣們的批評意見，要關心臣民的福祉。帝國政府不可迷信嚴刑峻法，而必須重視倫理道德的價值，並把文治作為取得國泰民安的最主要手段。

《新語》雖也提及異常天象對一個王朝政權的警戒意義，並將此作為王朝政權合法性的某種神秘依據，但他並未系統闡述。他更多的關注點還是在治理層面，即得到政權後如何「順守」的問題。政權合法性問題從來就不是一個字面上的邏輯推演問題，而是一個政權如何實現優良治理以達到國泰民安的問題。陸賈所念的就是這一點，他和劉邦一樣，都不想讓剛剛建立起來的漢朝重蹈秦朝「二世而亡」的覆轍。

董仲舒的「天人感應」理論

《新語》中懸置的政權來源問題後來被董仲舒做了系統闡發。董仲舒以孔孟的儒家學說為基礎，引用五行相生相剋的理論，發展出一套以「天人感應」為核心的新儒學思想體系。這套體系有效地將王朝政權的合法性問題安排在了更宏大更空靈的宇宙秩序之中。

董仲舒認為，自然、人事都受制於天命，因此王朝的政權是不是合法，就看它的統治者能不能正確地理解天命、順應天命。在董仲舒看來，皇帝要不辜負

董仲舒（公元前 179—前 104），廣川（今河北景縣廣川鎮大董故莊村）人，漢朝經學大師，劃時代的大思想家。

天命，就必須效法聖賢，行「德政」，「為政而宜於民」，讓百姓在你的治下得到真實利益，否則，天就會降下種種災異以警示皇帝。如果皇帝執迷不悟，不肯悔改，天就會收回成命，換掉它在人間的代理人，讓皇帝失掉政權。在董仲舒的解釋中，皇帝的大權既然來源於上天，那皇帝及其王朝的種種作為就必須符合天道、秉承天意。如果違反了天道、天意，就可能導致天命的更改，天命一更改，你這個王朝就會被新的王朝所取代。

從董仲舒的「天人感應」論中可以看出，皇帝和他所代表的政權對天下根本就沒有所有權，只有經營管理權，而且這種經營管理權還是暫時的而非永久的。你管理上符合天道，上天就繼續授權給你，你管理得不合天意，上天就會收回你的管理權，再授權給別人。天是天下的董事長，而皇帝及其王朝不過是天暫時聘用的「總經理」而已。這樣，董仲舒一方面通過「天人感應」的理論限制了皇帝的權力，另一方面也為帝國的政權合法性提供了一種別開生面的解釋。這套解釋在中國歷史上影響甚巨，成了帝制時代人們的心理共識。董仲舒之後的歷代王朝，基本上都以這套理論來解釋自己的政權合法性問題。

所謂政權合法性，其實就是對政權來源及權力使

用規則的一種社會共識，它並不一定是百分之百的精準和科學。在不同的時代，人們對合法性的認知是不一樣的。只要當時的人們能普遍接受某種理論，那麼這種理論就具有合法性。在帝制時代，在民主選舉之前，董仲舒這套「天人感應」理論能在道統與法統之間、天命與皇權之間、皇帝與臣民之間、道義與利害之間找到微妙的平衡，能對無限的皇權加以限制，且能為上至帝王、下到黎民百姓所共同認同，所以它就成了帝制時代有關政權合法性的最佳解釋系統。

從嬴政自稱始皇帝並幻想着皇位至千萬世，傳之無窮，到劉邦為自己編造的「龍種」謊言，再到董仲舒「天人感應」理論的形成，秦漢兩朝對政權合法性的構建經歷了一個從簡單粗暴到縝密精微、從皇權無限到皇權天授的過程。伴隨這一過程同時發生的，是人們對帝制王朝長治久安的不斷探索。有趣的是，這種探索恰恰是通過在理論上逐步限制皇權來完成的。

秦漢之際家庭關係一瞥

商鞅變法曾頒布過一項法律，規定民有二男以上不分異者，倍其賦，意思是一個家庭如果有兩個成年男子卻還不分家的，就要交納雙倍的賦稅；還有一項

法律，禁止父子兄弟同室內息，意思是你們父子兄弟不但要分家，還不能居住在同一屋檐下。這兩項法律徹底摧毀了大家族，讓成年父子必須分家，還讓他們必須分散居住，以鼓勵百姓之間互相監督、告發，便於國家對百姓的控制。這些做法對道德文化乃至樸素的家庭親情造成了嚴重的破壞，對後世的家庭關係，尤其是秦漢兩朝的家庭關係影響甚巨。

功利主義色彩的家庭關係

賈誼在《新書》的〈時變〉中說：「商君違禮義，棄倫理，並心於進取，行之二歲，秦俗日敗。秦人有子，家富子壯則出分，家貧子壯則出贅。」兒子長大了一定要分家，這也就罷了，父母到兒子家借個鋤頭、掃帚之類的都不願意借，婆媳之間，一言不合，立馬反目成仇。人情冷漠到這地步，怎麼可以？秦朝直接脫胎於戰國時期的秦國，其意識形態、制度設計和法律規定都繼承了商鞅的衣缽。不幸的是，漢朝建立之後，蕭何制定的新法典也沿襲了秦法典，這套法律體系被叫作「秦漢舊律」，一直延續了五百年，到三國時期才正式廢止。

一套刻薄寡恩的法律體系如此長時間地運用，勢必造成負面影響。這反映在家庭關係上，便是漢朝

初期的家庭關係依然像秦朝一樣，充滿了功利主義色彩，而絕非儒家所倡導的那樣溫情脈脈、父慈子孝。

舉個簡單的例子就能很好地說明這個問題。劉邦在爭奪天下的時候，曾在彭城（今徐州）被項羽打得慘敗。逃跑的過程中，遇到了自己的兒子和女兒，就是後來的漢惠帝和魯元公主，把兩個孩子拉到車上一塊逃命。可是，項羽的騎兵追得很緊，「漢王急，推墮孝惠、魯元車下」。劉邦一遇到危險，竟然連兒子女兒都不要了，趕緊自己逃命。幸好，夏侯嬰厚道，劉邦把孩子推到車下三次，夏侯嬰下車撿了三次，還跟劉邦說：「雖然帶上兩個孩子馬車跑不快，但你也不能把自己的親生骨肉就給扔了。」就這樣，漢惠帝和魯元公主才算保住了小命。

那劉邦是好兒子嗎？也不是。項羽俘虜了劉邦的父親，要挾他說：「你不趕快投降，我就把你父親給烹了，熬人肉湯。」結果，劉邦說：「我和你項羽曾經約為兄弟，所以我爸就是你爸，你一定要用老爸來熬人肉湯，我希望你能把肉湯分我一杯。」聽聽這口氣，是孝子嗎？

劉邦是漢朝開國皇帝，他的家庭是漢代的第一家庭。第一家庭的親情關係尚且如此，整個漢初的家庭關係又能好到哪裏？

陸賈的養老安排

有人可能會說，你舉的例子都是劉邦建立漢朝之前的，說不定漢朝建立後，情況就徹底好轉了呢？情況還真沒這麼樂觀。我們不妨再舉一個例子。陸賈是一位辯士，追隨劉邦打天下，曾成功地勸說南越王歸順漢朝，還跟劉邦講過馬上得天下，不能馬上治天下的道理。劉邦死後，呂雉掌權，陸賈一看情勢不妙，辭官回家了。陸賈很得南越王的賞識，南越王賜給他一千金，其他人送給他的財產還有一千金，他就用這兩千金作為自己的養老基金，並進行了分配。他有五個兒子，給每個兒子二百金，要他們以此謀生，剩下的一千金他留給自己，坐着高檔車，經常出入高檔娛樂場所，享受琴瑟相合、歌舞升平的生活。而且，他還購置了一把值一百金的豪華寶劍，帶在身邊炫富，似乎是在暗示別人，別惹我，我曾跟着高祖一塊打過天下。最值得注意的是他跟五個兒子的約定：他依次到每個兒子家去做客，輪到哪家，哪家都要好吃好喝好招待，盡量讓他感到滿意。但他在每家也不多待，十天就走。一旦死在哪一家，他的豪華寶劍和車馬就歸誰，算是喪葬補貼。即便如此，一年之中去每個兒子家也不會超過三次，去的次數多了。

陸賈的養老安排非常值得玩味。了解中國歷史傳

統的人都知道，孝子是不能跟父母分家另過的，「舉孝廉，父別居」向來被認為是一件荒唐可笑的事。到了唐朝以後，兒子離開父母單獨居住並且還擁有自己的財產，鐵定是「不孝」之舉，甚至還會受到法律的懲處。可是漢朝初年，堂堂追隨劉邦一塊打天下的陸賈，不僅要跟五個兒子均分財產，他一次到自己兒子家造訪還不超過十天，一年不會超過三次。這裏透露出的信息是，如果他在兒子家住得過久，或者去得太頻繁，兒子一家就會不高興。這樣的父子關係，雖說比秦時要好些，但離四世同堂的天倫之樂顯然差距極大。

漢朝的小型化家庭

「居延漢簡」也佐證了漢代家庭小型化的特徵。居延城是歷史上有名的西北要塞，故址在今天的內蒙古額濟納旗。唐朝著名詩人王維於公元 737 年奉使途經居延城時，寫下名詩《使至塞上》：「單車欲問邊，屬國過居延。徵蓬出漢塞，歸雁入胡天。大漠孤烟直，長河落日圓。蕭關逢候騎，都護在燕然。」居延最初為匈奴控制，後漢軍出征，打敗了匈奴，奪取了河西走廊。漢武帝就在居延設置都尉，移民屯墾戍邊，築城設防。漢朝名將李廣的軍隊就曾駐守在居延，他

的孫子李陵兵敗降匈奴，也在居延西北「百八十里」處。漢代在居延地區加強軍事力量，周邊軍民活動持續兩百多年，範圍包括今內蒙古、甘肅、新疆、寧夏等地。從 1926 年起，人們在居延城附近陸續發現了大量漢代木簡，稱為「居延漢簡」。這些木簡上的文字提供了當時衛戍部隊和周邊百姓的生活情況，對研究漢代歷史極有價值。根據漢簡中登記的漢代家庭檔案可知，當時絕大多數的家庭都是小型化家庭，即只有夫妻和他們的未婚子女，家庭人口多為三四口人。這說明，兒子結婚之後，通常都會帶着一份家產分出去，自立門戶。

瞿同祖在《漢代社會結構》一書中指出：大家庭在東漢時期開始出現。有些兄弟們在婚後仍然住在一起，並維持着擴展家庭的規模，這些家庭包含着諸如叔伯、侄子和第一代堂兄弟之類的旁系親屬。不過，包含三代人的擴展家庭仍不多見。只有在《後漢書》裏面才提到兩個例子。樊重是個大地主，家庭富裕，三世共財。大儒蔡邕與叔父從弟同居，三世不分財，鄉黨高其義。不消說，如果叔伯、侄子和從兄弟同居一處是常態的話，這些家族也不會引起鄉黨的注意，他們也就不會在傳記中被提及。鄉黨對他們的羨慕情緒正好說明這類風俗的罕見。瞿同祖先生是著名歷

史學家、中國法律社會史的權威，他對漢代家庭規模小型化的論斷，讓人們看到了歷史慣性的重要影響。可以說，中國歷史上的家庭小型化肇始於商鞅變法，隨後成為秦國和秦朝的制度化設定。漢朝雖然是在推翻秦朝的基礎上建立的，但在制度層面卻是「漢承秦制」。家庭小型化也算是秦朝留給漢朝的一份社會遺產，這份遺產終西漢一朝幾乎都沒能徹底消化，可見其社會影響之深遠。

從小型化家庭到擴展型家庭

有人可能會問：家庭是小型化還是擴展化，這事重要嗎？應該說，此事對社會的影響絕對沒有戰爭、饑荒、瘟疫那麼大，可是，它對人們的親情觀念和倫理風俗還是有較大影響的。中國文化一直是以家庭倫理為本位的，家庭規模大，親人之間就會更加注意代際和諧，注意孝悌倫理的實踐和鞏固；若家庭普遍小型化，那麼人們的孝悌觀念就會相應淡漠，即便政府極力提倡，人們也會因家庭規模小而疏於實際操練。小輩孝敬長輩及同輩之間的兄友弟恭，這些倫常禮數最好是通過家庭、家族的熏習來進行傳承、維繫，而非靠觀念灌輸和道德說教。家庭小型化本身就是功利主義、個人主義盛行的產物，它反過來也更容易導致

人心不古、世道澆薄。

《漢書》的〈景帝紀〉說:「漢興,掃除煩苛,與民休息。至於孝文,加之以恭儉,孝景遵業,五六十載之間,至於移風易俗,黎民醇厚。」這是說自劉邦建立漢朝起,經過文景之治,用了五六十年的時間,才「移風易俗,黎民醇厚」。所謂「移風易俗」,其實就是逐步改變了自戰國時期到秦朝以來的功利主義盛行的社會風氣,改變了過去只講利害、不顧親情的人倫觀念。應該說,這是一個非常重大的轉變,堪稱漢代道德文化建設的一項巨大成果。

到了漢武帝時期,儒家思想被確立為國家主流價值觀。儒家提倡孝道,重視家庭倫理。在物質生活有了相當保障及國家意識形態的影響之下,儒家的思想觀念才一步步地影響到普通民眾的家庭生活。至東漢時期,自光武帝劉秀至漢和帝劉肇,連續四代皇帝(光武帝劉秀、漢明帝劉莊、漢章帝劉炟、漢和帝劉肇)均愛好儒術。經過持續的長時間的慢慢教化,中國人的道德狀態才走出了秦國和秦朝暴政的陰影,他們的家庭形態才由小變大,實現了從小型化家庭向擴展化家庭的轉變。擴展化的家庭隨後又催生出更大的家族。日益強烈的家族觀念和龐大的宗族組織後來果然在中國歷史上起到重要的作用。在魏晉時期,家族

觀念和宗族組織滋生了門閥制度，可在西晉末年，當朝廷被外族侵略之際，中原人也正是憑着強烈的家族觀念和宗族組織，以抱團取暖的方式才得以「衣冠南渡」，並在江南建立了東晉。

家庭是社會的細胞，家庭形態的優與劣，家庭倫常的和睦與乖張，實乃社會文化和道德水準的晴雨錶。正常的家庭形態和家庭溫情被毀壞很容易，但要恢復重建卻很難，非經長時間的努力不能完成。商鞅變法時摧毀的家庭形態和家庭溫情，在秦朝滅亡之後，經過整整西漢一朝的努力，都沒能徹底恢復元氣，直到東漢時才完成恢復重建。這裏面的歷史教訓着實讓人唏噓。

漢代社會的十個階層

漢代社會的各色人等大概可以劃分為十個階層，一個階層一個階層地介紹、分析，這樣或許能讓大家對漢代的社會結構有一個「接地氣」的感受。

第一個階層：皇帝

「皇帝」這一稱呼的創立者是秦始皇。秦始皇統一天下之後，認為自己「德兼三皇，功過五帝」，遂

稱為「皇帝」。秦始皇推行郡縣制後，皇帝的權力遠遠超過了周朝的周天子。周朝採用的是分封制，受封的各諸侯國享有極大的自治權，他們可以在自己的諸侯國訂立制度、任命官員、收取賦稅、訓練軍隊，是名副其實的獨立王國。周天子名義上是天子，可他無權干涉各諸侯國內部的行政事務，各諸侯國的國君只要按時向天子朝貢，表示臣服即可。秦始皇統一六國之後，廢封建，改郡縣，將天子之下的各諸侯國分割為郡和縣，郡守、縣令之類的地方官員一律由皇帝任命，全國使用統一的法律、統一的文字、統一的度量衡、統一的貨幣。如此一來，秦始皇就建立起了一套中央集權的政權機構，相應的，皇帝的權力變得空前強大。漢朝繼承了秦朝的帝國制度，漢朝的最高統治者也沿用了秦始皇設立的「皇帝」稱號。

漢代的皇帝理所當然是這個國家的第一號人物，皇權至高無上，整個國家機器都圍繞着皇權來運轉。在生活方面，皇帝的衣食住行都與眾不同，他有專用的皇冠、衣服、御廚、御座、宮殿、車馬、旌旗，在物質享受上可以說應有盡有。他的後宮有眾多嬪妃，他出行時有衛隊負責清理道路，以確保絕對安全。

在權力設置方面，皇帝的地位和權力也是至高無上的，沒有人可以與之匹敵。皇帝是一切權力的來

源，所有其他人的權力都是從皇帝那裏衍生出來的。皇親國戚要通過皇帝的加封，功臣的爵位和封邑要經過皇帝的封賞，高級官員的職務也是皇帝任命的。

漢代的皇帝也稱為天子，這既是對皇帝尊貴地位的再次確認，又是對皇權權力合法性的一種超越性解釋，即皇帝是上天之子，皇帝的地位是得自天命的，非人力所為。《漢書》的〈禹貢傳〉稱「王者受命於天，為民父母」，用現代的話來說，就是皇帝的權力來源於上天，他要秉承上天的意願，替上天管理好萬民，做萬民的父母。這叫「君權神授」，或曰「皇權天授」。

既然皇帝是上天之子，那也只有他才擁有祭天的權力，就是說，皇帝既是世俗社會的最高管理者，同時也是與上天溝通的最高祭司。只有他可以在泰山上封禪，向上天陳述自己治理天下的功績，也只有他可以向眾神、名山和大川祈禱。天地之間，皇帝的地位只低於上天，但他的地位遠遠高於萬民，即便是皇帝的生身父母，也必須自覺地維護皇帝至尊至高的地位，而不可對皇帝表示出任何不敬。

不妨舉例說明，劉邦當上皇帝之後，每隔五天去拜見他的父親一次，「如家人父子禮」，父子見面的時候依照一般人家父子見面的禮節。可是，劉太公的家

令（代他管理家事的官吏）就跟劉太公說：「天上不能有兩個太陽，地上也不應有兩個君主。當今皇帝在家雖然是您的兒子，在天下他卻是皇帝，太公您在家雖然是父親，可對皇帝來說卻是臣子。怎麼能够叫皇帝拜見臣子呢！如果這樣做，皇帝的威嚴就不能遍行天下了。劉邦的老爸劉太公很識趣，後來劉邦再去拜見他，他就抱着掃帚，面對門口倒退着走，意思是誠惶誠恐，再也不敢接受拜見了。劉邦大驚，急忙下車攙扶老爸。老爸跟他說：『皇帝是萬民之主，怎麼能因為我而亂了天下的規矩呢！』」於是高祖就尊奉太公為太上皇，同時賞賜了那個家令。

劉太公和他的家令無疑是識趣的，知道皇帝要樹立自己的絕對權威就趕緊配合，這樣的人就會得到皇帝的獎勵。也有不識趣的，比如漢文帝時的淮南厲王劉長，他稱漢文帝為「大兄」，也就是大哥之意，這種稱呼在今人聽來多親切呀，可是稱皇帝為「大哥」就屬明顯的「不敬」—— 即便皇帝真是你大哥，也不能這麼叫。

這個敢稱皇帝為「大哥」的劉長很快就嘗到了對皇帝「不敬」的惡果，有人告他謀反，說他跟一個叫柴奇的人密謀，想組織七十個人和四十輛車，在谷口（今陝西禮泉縣東北）謀反。結果就被立案了，而且朝

廷中的大臣一致認為應該將其處死。漢文帝不忍將弟弟處死，就將其流放了。流放途中，劉長絕食自殺。

憑七十人和四十輛車的力量就能謀反嗎？這樁謀反案子用今天的眼光看明顯是證據不足，大有欲加之罪，何患無辭之嫌。我更傾向於這樣的理解：劉長驕傲放肆，對漢文帝不守臣子之禮，這才是他被流放自殺的主要原因。至於謀反之罪，很有可能是「有司」給他羅織的一個罪名。身為皇帝的親弟弟，對皇帝「不敬」都有如此嚴重的後果，更不要說其他人了。翻開史書，我們經常會看到不少官員因「不敬」、「大不敬」、「不道」等罪名被降級、免官乃至處死，也就是說，在漢代，你敢對皇帝不尊敬，這本身就是一項重罪。

第二個階層：皇親國戚

皇親國戚主要包括皇太后、皇后和宗室，他們的地位也比較高貴。這其中又以皇太后的地位最高，因為皇太后不僅是前任皇帝的遺孀，而且還是現任皇帝的母親，甚至是祖母。

按照制度上的設定而言，太后、皇后的權力一般是要限定在後宮之內的，可是在西漢，太后干政的例子非常多。劉邦死後，他的兒子劉盈繼位當皇帝，是

為漢惠帝，可朝政大權卻落到了太后呂雉之手。呂雉臨朝稱制，一方面迫害、殺戮劉氏宗族的成員，另一方面大肆任用娘家人，把呂家人封王、封侯。後來，司馬遷寫《史記》時，〈高祖本紀〉之後寫的不是〈孝惠本紀〉而是〈呂太后本紀〉。呂雉以太后的身份入「本紀」，可見她做太后時權力大到了甚麼程度！這說明呂雉實在太跋扈了，漢惠帝雖然對老媽的做法不滿，但他無力阻止，只得放棄自己的權力，任由老媽折騰。漢惠帝死後，另一個年幼的少帝被扶上皇位，但實際控制這個皇帝和國家政權的還是呂太后。後來，這個少帝也被呂雉殺害了。

　　呂雉以太后身份掌權干政只是一個開始。有了呂太后的先例，漢代另外幾個熱衷於權力的太后也爭相效仿。如此，便有了竇太后、王太后、丁太后、傅太后等。太后臨朝稱制的權力是驚人的，一旦太后宣佈臨朝稱制，那麼大臣們的奏事上書就要有兩份，一份上奏太后，一份上奏皇帝。詔書雖然還用皇帝的名義發，可實際上這些詔書都是太后頒布的。太后能頒布詔書，當然更有權力任免官員。有時，皇帝駕崩時未立太子，那麼新的皇帝也由太后選立。

　　太后之下是皇后。皇后要臣屬皇帝，但她母儀天下，在後宮的地位牢不可破。皇帝可以與眾多嬪妃

生孩子，但理論上只有皇后生的兒子才有資格被立為太子，日後繼承皇位。皇后以下，後宮姬妾一共分為十四等，每一等的身份和待遇都與朝廷中某一級官員相對應，比如，姬妾中的第一等昭儀，位比丞相，爵比諸侯王，等到了第十四等，則「皆視百石」，其享受的待遇與薪俸微薄的低級小官一樣了。可見，同是皇帝的女人，彼此之間的差別也是非常巨大的。如果當上皇后，地位在丞相之上，若只是個普通宮女，那待遇也就跟「小吏」差不多。這是皇帝後宮的情況。

皇帝的宗室還包括諸多的王和侯。劉邦建立漢朝時，他的兒子、兄弟、堂兄弟、侄子等被封王、封侯。最初，劉邦還封了七個異姓王，但後來將異姓王剪除了。除掉異姓王之後，劉邦確立了一個原則，非劉氏不得封王。在漢代早期，各諸侯王的權力非常大，他們可以從自己的封地裏得到「衣食賦稅」，嚴重時甚至還發動武裝叛亂。後來，經文帝、景帝、武帝三朝持續「削藩」，諸侯王的權力才被大大削減。尤其在漢武帝朝施行了「推恩令」之後，諸侯王需要將自己的領地分給子弟，如此一來，各諸侯王的領地大大縮小，失去了與中央抗衡的實力。但皇家貴族的王、侯仍可從各自的領地上獲取賦稅，這些賦稅足以保證他們有享不盡的榮華富貴。

舉個例子就能很好地說明這一點，備受關注的海昏侯墓自 2011 年開始發掘，至 2015 年底已經出土金器、青銅器、鐵器等約三千件，玉器五百餘件，漆木器約三千件，陶瓷器五百餘件，竹簡、木牘數千件。僅外棺和內棺之間的金器就有金餅九十六枚、馬蹄金三十三枚、麟趾金十五枚、金板二十塊，計七十八公斤，墓葬財寶數量之巨，已超出歷史學家和考古專家的預料。需要說明的是，海昏侯劉賀只當過二十七天的皇帝就因荒淫無道被廢掉了。他先被貶為昌邑王，後又被貶為平民。最後，漢宣帝出於親情的考慮，才重新封他為海昏侯，把他打發到了當時尚屬偏遠地區的南昌。這個海昏侯在歷史上的名聲非常差，在政治鬥爭中更是失敗者。可即便如此，他墓地裏的隨葬品還能如此豐厚。不為別的，就因為他是劉氏宗族，出身高貴。僅從這一個例子，我們就能看出漢代王侯生活之豪奢，說他們是吸食民脂民膏的剝削階級，一點也不過分。

第三個階層：外戚

外戚在漢代也享有極高的社會地位和政治地位。所謂外戚，也就是皇太后、皇后及皇帝寵妃家族的人，他們常常因為自己家族的女人嫁給了皇帝而迅速

飛黃騰達。衛青就是這方面的絕佳例證。他原本是平陽公主的一個家奴，地位低下。有相面的人跟他說：「貴人也，官至封侯。」衛青覺得這簡直是開玩笑，跟相面的說：「我生來就是個奴隸，能夠不受別人的打罵就知足了，哪裏還會被封侯呢？」可是後來，他同母異父的姐姐衛子夫得到了漢武帝的寵幸，成了皇后，他也得到重用，當上了將軍，征討匈奴立了戰功之後，又被拜為大將軍，封為長平侯。

這個時候，平陽公主守寡了，要在朝廷的列侯中選一人做丈夫，結果所有的人都向他推薦衛青。開始，平陽公主還因為衛青曾經做過自己的家奴而猶豫，可左右侍者跟她說：「現在大將軍的姐姐是皇后，他的三個兒子都封侯了，他的富貴天下皆知，早已今非昔比了，你不嫁給他還想嫁給誰？」於是，平陽公主就同意了。這個例子說明，不管一個人的出身多麼低賤，一旦在漢朝成為外戚，那他就可以迅速變得富貴。

衛青之封侯，尚有軍功做基礎，其他一些外戚一點軍功沒有也能封侯。外戚不論以前是貧賤還是富貴，只要他們家族的女人被封為皇后或寵妃，其家族成員也會被加官晉爵，整個家族也會由此顯耀起來。

雖然劉邦曾有過無功不得封侯的政治遺囑，但這

項規定在後來變成了具文，呂雉當權時就封娘家人為王、侯。這個口子一開，後來凡是外戚，家族中就必有人封侯，有時是一個，有時不止一人。一般而言，太后的父親和皇后的父親一定是要封侯的，即便他已經死去也要追封。皇太后的兄弟也一定會封侯，皇后的兄弟可能暫時不會被封侯，但等皇后成了皇太后的時候，他們就會封侯。也就是說，皇帝的舅舅是一定要封侯的，這是漢代政治生活中一條「潛規則」。封侯之後，皇帝的舅舅一般都會在朝廷被委以重任，擔任大司馬、車騎將軍、大將軍之類的高級職務。外戚在權威提高的同時還總能掌握軍權，這是後來漢朝形成外戚擅權局面的一個重要原因。

大司馬、大將軍這種極高的軍職本來是漢武帝為了表彰衛青、霍去病的軍功特設的，可是後來成了外戚的一項「專利」。這個先例就是從霍光開始的。霍光是霍去病同父異母的弟弟，漢武帝的託孤大臣之一。漢武帝去世之前，把原本授予衛青的大司馬大將軍的官職授予霍光。衛青是帶兵征戰立軍功的人，而霍光並無軍功，因此，有人說外戚之中以大司馬大將軍的身份參與朝政的，霍光是第一人。霍光之後，其他外戚也不斷被授予大司馬大將軍之職。從霍光開始到西漢末年，共有十三位官員擔任過大司馬大將軍這

霍光（？—公元前 68），字子孟，河東平陽
（今山西臨汾西南）人，西漢大臣。漢武帝
時期為奉車都尉。漢武帝晚年受遺詔輔佐昭
帝，任大司馬大將軍，封博陸侯。

個要職，其中只有五位不是外戚，而這五位非外戚官
員擔任此職務的時間，合起來還不到十一年。也就是
說，自霍光之後，大司馬大將軍這一掌握軍權的要職
在絕大多數的時間裏都為外戚所壟斷。

　　錢穆先生在研究漢朝政治時提到了內朝與外朝的
分別。內朝的代表人物就是大司馬大將軍，外朝的領
袖人物則是丞相。漢朝的權力重心經過一個由外朝向
內朝轉移的過程，這是皇帝不斷集權的結果。皇帝先

是把郡、縣的地方權力集中到中央朝廷，到了朝廷之後，先由負責行政的丞相負責，後來皇帝又進一步集權，遂削弱丞相的權力，把許多重要的事務由外朝轉移到了內朝。這樣一來，內朝的權力就逐漸超過了外朝的權力。皇帝攬權過多，自己又處理不過來，便又把權力交給了負責內朝的大司馬大將軍。所以，自霍光以後，大司馬大將軍實際上擁有了處理奏章的核心權力。霍光秉政期間就對丞相車千秋說：「今光治內，君侯治外。」可實際的情況卻是，霍光既能控制內朝，也就幾乎可以控制整個朝廷。

霍光去世之後，他的家族遭到了清算，但霍氏的覆滅並不意味着外戚勢力的終結。此後的外戚家族繼續左右着漢代朝政。西漢時期最有權勢的外戚家族當屬王氏。王氏共出過五位大司馬，十個侯，朝廷幾乎都是他們家的勢力範圍。比如，王鳳是漢成帝的舅舅，他擔任大司馬大將軍長達十一年，權傾朝野。當時，所有朝廷官員的任命都要經過王鳳的同意。公元前 24 年，漢成帝打算讓劉歆當中常侍，快要下發任命書的時候，皇帝左右的人說：「這事還沒跟大將軍說。」

皇帝說：「這麼一件小事，不用跟大將軍說了吧？」

結果，「左右叩頭爭之」，請他還是跟大將軍打個招呼。

　　皇帝一看，那就跟大將軍打個招呼吧，就跟王鳳說：「我看劉歆才華橫溢，想讓他當中常侍。」

　　結果，王鳳認為這個事不行，最後竟然把皇帝的這個動議給否決了。外戚的權力大到這個程度，你說可怕不可怕。

　　當然，王氏家族之所以能長期把持朝政，端在於王太后的長期庇護。這個名叫王政君的女人是漢元帝的皇后，漢成帝的母親。她非常長壽，歷漢四世為天下母，她身居后位（包含皇后、皇太后、太皇太后）的時間超過六十年（公元前 49 —公元 13）。由於王政君長期身居后位，所以王氏家族便能長期左右朝政。到最後，王氏家族乾脆把整個西漢王朝都給終結了 —— 篡奪西漢政權的王莽正是王太后王政君的侄子。當王莽要自己當皇帝的時候，王太后非常生氣，一度抱緊傳國玉璽，不想交給王莽。王莽派人極力勸說。

　　太后王政君痛哭流涕，說：「我漢家老寡婦，且暮且死，欲與此璽俱葬，終不可得！」最後，她知道王莽一定要得到玉璽，自己給也得給，不給也得給，氣憤地將玉璽扔到了地上。王莽得到了姑母扔在地上的

玉璽，當上了新朝皇帝，西漢王朝就此終結。

可以說，在漢朝的好幾個時期，外戚的權勢都超過皇室宗親。正因外戚在漢代非常得勢，所以後來才有了「外戚擅權」的局面。後世有人說漢代是「皇帝與外戚共治天下」，這是很有道理的。

第四個階層：功臣

劉邦建立的漢朝是一個平民政權。劉邦自己原來就是沛縣的一個小亭長，出身底層，跟着他一塊打天下的人大多也是草根階層，蕭何原是沛縣主獄吏，曹參是蕭何的屬下，也是管理監獄的一個小吏，陳平、王陵、陸賈、酈商等皆是無業遊民，樊噲屠狗，灌嬰販繒，婁敬挽車，周勃以織薄曲為生，只有張良出身高貴，是韓國國相之後。這批人跟着劉邦打天下，成了漢朝的開國功臣。依據「打天下，坐天下」的邏輯，劉邦對他們論功行賞，分封了一大批功臣。其中比較著名的有楚王韓信、韓王信、淮南王英布、梁王彭越、長沙王吳芮、趙王張耳、燕王臧荼。其中，韓信是所有功臣中戰功最大的，他率領部隊打下了大半個江山；彭越封王是劉邦早就許諾的，當初讓彭越幫助自己一塊圍攻項羽時，劉邦就答應打敗項羽之後封彭越為王，並劃分了封地的大致範圍；吳芮、英布、臧

茶在項羽分封天下時就已被封為王，在楚漢相爭中又站在了劉邦的一邊。也就是說，劉邦首次分封的異姓王，也是一種「綜合測評」後的結果，既考慮到了軍功，又照顧到了歷史遺留問題。

異姓王在西漢初年是名副其實的特權階層，他們有自己的獨立王國，擁有獨立的軍權、財權和人事權，彷彿戰國時期的諸侯國國君。可惜的是，劉邦很快就覺得異姓王靠不住，開始剪除他們。至公元前195年劉邦去世之前，除吳芮以外的異姓王全部被清除，他們的封國也隨即被劉邦的兒子和兄弟所取代、瓜分。清除異姓王之後，劉邦與大臣約定非劉氏不得為王，非功不得為侯，否則，天下共誅之。此時，劉邦已經封自己的兒子、兄弟共九人為王，再加上吳芮，共十個王。這十個王國佔去了整個漢朝六十二個郡中的四十七個郡，而中央朝廷直接控制的郡只有長安周圍的十五個郡。可見，這些獨立王國是非常有實力的。

劉邦在分封異姓王之外，還封了眾多侯爵。侯沒有獨立王國，但有食邑，地位高的「大侯」食邑過萬戶，地位低的「小侯」的食邑也有幾百戶。由此可知，西漢開國功臣的社會地位和財富收入都是相當高的。

論功行賞的時候往往最能看出世道人心，多數

人都會爭權奪利，也有極少數人能判明大勢，謙恭退讓，劉邦分封功臣也是如此。史書記載，當時是群臣爭功，歲餘不決，封侯的進展很緩慢。

劉邦認為蕭何功勞最大，封他為酇侯，給的封邑也最多。結果其他功臣不服，說：「我們這些人都是在戰場上生死拚殺立的戰功，蕭何根本就沒上過戰場，光耍筆杆子，憑啥功勞還在我們之上？」

劉邦也不客氣，以「功人」和「功狗」之喻回答群臣。他指出：「打獵的時候追殺獵物的當然是獵狗，可是發現野獸踪跡，指揮獵狗去追的卻是人。今諸君徒能得走獸者，功狗也。至如蕭何，發踪指示，功人也。你們只是一個人追隨我打天下，多的也就是兩三個人，可人家蕭何呢，人家是帶着一個大家族追隨我，功不可忘也，因此，蕭何位列侯爵之首。」

當先封了二十多個侯之後，剩下沒被封的功臣就日夜爭功不決。劉邦從樓閣的走廊上看着這夥人坐在沙地上爭論不休，搞不明白他們爭論甚麼，就問張良。

張良說：「這夥人要謀反啊！」

劉邦大驚，說：「天下剛剛安定，他們為甚麼還想着造反呀？」

張良告訴劉邦說：「陛下以平民身份起事，靠着這些人奪取了天下。現在陛下做了天子，而所封賞的都

從左至右：陳平、張良、蕭何、韓信、樊噲。

是蕭何、曹參這些你所親近的老友，所誅殺的都是一生中的仇人。如今將領們計算功勞，認為天下的土地不夠一一封賞的。這些人怕陛下不能全部封到，又怕被懷疑到平日的過失而遭誅殺，所以就聚在一起圖謀造反了。」

劉邦一聽，非常擔心，就問：「那該怎麼辦呢？」

張良問劉邦：「皇上你平生憎恨，又是群臣都知道的，誰最突出？」

劉邦說：「雍齒與我有宿怨，曾多次使我受窘受辱。我原想殺掉他，因為他的功勞多，所以不忍心。」

張良說：「你現在趕緊先封賞雍齒來給群臣看，群臣見雍齒都被封賞了，那麼他們對自己能受封就堅信不疑了。」

於是劉邦擺酒設宴，封雍齒為什方侯，並催促丞相、御史評定功勞，施行封賞。

此事之後，群臣都高興地說：「連雍齒都能被封為侯，我們這些人肯定也會被封的，不用擔心了。」

為了爭功，差點引發了謀反事件，可見封侯的誘惑多麼巨大。與之相比，張良的行為就有點高風亮節的味道。封賞之際，劉邦認為張良雖沒有戰功，但運籌帷幄，決勝千里，對漢朝的建立有汗馬之功，就讓張良自己在齊國選擇三萬戶的食邑。張良拒絕了，說

我不敢受三萬戶食邑的封賞，「臣願封留足矣」。於是，張良被封為留侯。在群臣爭功之際，張良能逆勢而動，功成身退，實在難得。

劉邦之後，漢代的其他皇帝也封過功臣。比如，為了表彰誅滅諸呂的功勳，漢文帝賞賜功臣，加封周勃萬戶食邑，賜金五千斤；加封陳平、灌嬰食邑三千戶，賜金兩千斤；加封朱虛侯劉章、襄平侯通、東牟侯劉興居食邑各兩千戶，賜金一千金；封典客劉揭為陽信侯，賜金千斤。總之，不論在哪一個皇帝手下幹活，只要立下了大功，躋身於功臣行列，朝廷一般都會對功臣加官晉爵的。

第五個階層：官員

雖然漢代的高級官員可以封侯，但絕大部分的官員是沒有機會封侯的。在不封侯的情況下，官員地位的高低，就看官銜的等級和俸祿。西漢時期的官職，級別最高的是丞相、太尉、御史大夫，被稱為「三公」，他們的官俸是「萬石」，這個薪水是非常高的。其中尤以丞相地位最高，皇帝對丞相禮遇隆重，凡丞相所請，皇帝幾乎無不應允。凡拜相，皇帝臨朝，官俸六百石以上的官員皆得朝會；凡丞相進見，皇帝得離座；丞相病重，皇帝得親臨問疾，遣使送藥；丞相

去世，皇帝得車架往弔，賜棺，賜葬地，賜冥器。

地位在「三公」之下的是官俸二千石的官員，包括九卿、列卿、將軍及郡守等。九卿包括太常、光祿勳、中大夫令、太僕、大理、大鴻臚、宗伯、大司農、少府；列卿包括執金吾、典屬國、將作大匠、詹事；將軍包括大將軍、驃騎將軍、車騎將軍、衛將軍、前將軍、後將軍、左將軍、右將軍及列將軍等；其中，大將軍和驃騎將軍地位高貴，是不常設的，非有卓著戰功不能得到。漢武帝時期，衛青拜為大將軍，霍去病拜為驃騎將軍；郡守以下，是郡丞、縣令、縣丞、縣尉、佐吏等，這些人的官俸從千石至百石不等。

雖然古代官僚體系內部會因官階不同而造成官員各方面的巨大懸殊，但官員階層作為一個整體還是要比普通百姓優越得多。在古代社會，官員明顯比平民受人尊重。平民一旦當上了官員，周圍人對他的態度立馬轉變。比如，司馬相如在沒當官之前，他的岳父卓王孫很看不上他。可當他官拜中郎將，以漢武帝使者的身份出使西南夷時，西南地區的官員對他畢恭畢敬，岳父卓王孫也和地方的各色頭面人物一起巴結司馬相如，爭着請司馬相如吃飯。

從最實際的角度看，漢代官員的收入總體上要

比平民百姓高許多。漢代官員的官俸大體上有萬石、二千石、千石、六百石、四百石、二百石、百石等若干個檔次，檔次之間的差距非常大。可即便是官員最低的官俸百石，也比普通百姓的收入多。晁錯在給皇帝的上疏中曾計算過農民一家五口的年收入，按他的計算，農民夫婦一年耕種百畝土地，一年的收成也只有百石，還要去掉繳納賦稅、口糧等支出，所剩實在不多。也就是說，漢代最低級的官員一個人的年俸，大概就抵得上普通農民一家五口人的年收入。若是一個年俸千石的官員，其一年的工資足以抵平民一個中產之家的全部財產。

正當收入之外，官員還可憑藉手中的權力，買田置地，收取田租。官員買地，當然總是能買到肥沃的土地，比如張禹購置的田產就「皆涇渭灌溉，極膏腴上賈」，全是能用涇水和渭水灌溉的上等肥沃田地。相比之下，蕭何買田宅必居窮闢處在當時就顯得非常另類。可蕭何真正的考慮是，在窮闢處買田宅可以安全地留給子孫，否則，日後可能會「為勢家所奪」。可見官員仗勢欺人，奪取他人田宅之事一定不少。

此外，官員還可撈取灰色收入，有的甚至貪贓枉法。灌夫當睢陽太守時，橫行穎川，迅速致富，家累數千萬。杜周官至御史大夫，他的兩個兒子當了郡

守，於是他們可謂家財萬貫。正因為漢代官員發財很容易，所以他們競相修豪宅，畜奴婢，備女樂，極盡奢華。

權力和財富之外，漢代官員還享有許多法定的特權。比如，官員中有人犯了法，不能直接拘捕他，而要事先向皇帝彙報，經過皇帝同意之後才可拘捕。如果大臣的位階比較高，皇帝有時還要召開御前會議商討此事。這項制度在漢代叫「先請」。適用「先請」的官員最初要年俸六百石以上，後來慢慢擴大範圍，三百石以上的官員也能享受到這項特權。

漢代選拔官員採用察舉制，所謂察舉制就是地方長官在轄區內發現了人才，要及時推薦給朝廷，朝廷經面試、試用後根據此人的表現任命適當的官職。利用察舉制，漢朝也確實在民間發現了很多人才，可察舉制在實際操作的過程中總是對官員的子弟更為有利，這種傾向越到後來越明顯。因此，官員的子弟比常人更容易進入官場，並謀得相對較好的官職。

漢朝官員階層是一個分界綫，官員及以上的階層在漢朝均屬特權階層，這五個階層合在一起算是統治階級。官員以下的各個階層則屬平民階層，是被統治階級。

第六個階層：士

在古代，民眾一般都被分為士、農、工、商四個階層，漢代也不例外。這種根據所從事的職業而劃分的階層，包含着人們對不同職業的社會評價。士被列為四民之首，原因就在於他們是讀書人，是腦力勞動者。腦力勞動者一般都會比體力勞動者受到更多的尊重。

在某種程度上，士人可看作是官員的後備軍，他們也確實比其他平民更容易進入官場，實現由民到官的身份轉換。尤其是到了漢武帝時期，朝廷重視儒家思想，獎勵學術文化，重新設立了博士官，選取讀書人做博士弟子，這相當於今天的大學招生。這些被選上的博士弟子，經過一年的學習，成績合格後就可「補文學掌故缺」。「文學掌故」在當時是一種官名，大概相當於今天的秘書。如果一個人在做博士弟子時成績特別優秀，還可以直接當郎中，郎中是皇帝的侍從官，相當於皇帝的秘書。漢武帝時，博士弟子每年招五十人，漢昭帝時增加到一百人，漢元帝時增加到一千人，漢成帝時期增加到了三千人。可見，漢朝的大學也經歷過一個擴招的過程。

漢朝的士人還經常被各級官員保舉為「賢良文學」，受舉薦的人會被召到京師，針對皇帝提出的問

題寫一篇策論，皇帝會根據策論水平的高低授予士人相當的官職。如果策論寫得超級棒，皇帝甚至會直接將其任命為高官。漢武帝時期，公孫弘就是因策論寫得好而做了博士，後來又做到了丞相。

一些名氣更大的士人，朝廷還會以巨大的尊榮來徵召，這樣的名士不用上學，也不用寫策論，直接任命為博士、郡守，甚至是九卿之類的高官。司馬相如因為漢賦寫得好，深得漢武帝賞識，直接就授官了。

士人也可以向皇帝上書自薦，東方朔就是這樣走上仕途的。他進入長安之後，給漢武帝寫了一篇長文，共用了差不多三千片奏牘，公車令派兩個人抬着

東方朔（公元前 154—前 93），字曼倩，平原厭次（今山東惠民）人，西漢官員。漢武帝時期徵四方之士，東方朔上書自薦，詔拜為郎，後任太中大夫等。

才進呈給漢武帝，漢武帝用了兩個月的時間才讀完這篇長文。因為這篇長文，東方朔就「詔拜以為郎，常在側侍中」，成為皇帝的貼身秘書了。

士人的經濟地位差別極大，有人富有，有人貧窮。這大多跟出身有關，如果出身官宦之家，一般就比較富庶；若是平民子弟，可能就比較貧寒。貧寒的士人在沒有進入官場之前，一般會在鄉邑辦學教學，藉此收取一定的學費以維持生計。如果一個讀書人在鄉邑教數百名學生，那自己的生計問題是很容易解決的。若一個士人的教學成果十分顯著，學問遠近聞名，他也極易得到官府的保舉，很快進入官場。當然，也有一些士人不接受朝廷徵召，立志讀書講學，這樣的人往往會成為名士。士人的地位主要取決於他的道德學問，而非官位高低。真正德高望重、成就傑出的士人，在漢代也會倍受尊重，名聞朝野。

第七個階層：農民

「民以食為天」，農民為天下提供糧食，所以農民的政治地位要高於做工的和經商的，農業是本業。基於這種認識，漢代法律規定，農民可以被舉薦做官，而商人則不能做官。這就是所謂的「重農抑商」。

具體到現實層面，農民的生活狀況也是差別極

大的，差別由田產的多少、土地管理水平的高低及個人的勤勞程度而造成。總體而言，土地是農民的命根子，如果擁有肥沃的土地，且數量較多，那這個農民的生活狀況就會越來越好。反之，農民的生活狀況就變糟。需要說明的是，漢代的土地是可以自由買賣的。如果一個農民非常勤奮，那他是可以憑藉自己的勤勞從而獲得錢財去不斷購買土地，成為地主的，雖然要做到這一點並不容易。

在漢代，大塊土地的所有者往往都是富人，如前文所說的官員會購買大片土地以收取租賦，此外，富商也會購買大量土地，成為豪族。一般的農民，晁錯計算他們的收入，農夫五口之家，其服役者不下二人，其能耕者不過百畝，百畝之收不過百石。一家的年收入僅百石，而一切送往迎來、吊死問疾、養孤長幼的費用都要在這裏面支出，一旦遇到自然災害或家人重病，農民就會入不敷出。被逼無奈之下，只能變賣田產。失去土地的農民一下子由自耕農變成了佃農，以後再耕種別人的土地還要交更多的租稅，地位就更低了。佃農租種別人的土地，所交地租會高達產量的一半，所以他們常衣牛馬之衣，而食犬彘之食，生活非常悲慘。因此董仲舒一再呼籲皇帝要薄賦斂，省徭役，以寬民力。

第八個階層：工匠

司馬遷在《史記》的〈貨殖列傳〉中說：「夫用貧求富，農不如工，工不如商，刺繡文不如倚市門。」意思是，就賺錢而論，農民不如工匠賺得多，工匠不如商人賺得多，精心刺繡的工匠不如商人做生意賺得多。據此可判斷，工匠的財富狀況整體上高於農民而低於商人。漢代的法律沒有限制工匠做官的規定，可見工匠在法律地位上高於商人。遺憾的是，史書上關於工匠的記述非常少，筆者一時沒有找到可以形象說明工匠生存狀態的例證。因此，關於工匠這一階層也就只能寫這麼多了。

第九個階層：商人

商人在漢朝的政治地位和法律地位都是比較低的。劉邦建立漢朝之初就制定了許多限制商人的措施，包括禁止商人穿絲綢的衣服，禁止騎馬，禁止攜帶武器，不許商人日後做官，也就是說，百姓一旦選擇了做商人也就意味着他們一輩子都不能進入官場了；商人還被課以重稅，許多商人因為隱匿或虛報財產而遭官府嚴懲，傾家蕩產；商人在漢代還經常受到政府的意外處罰，比如，漢武帝時期，徵集從軍遠征的七種地位低賤的人（名為「七科謫」），其中四種都

277

跟商人有關：登記的商人、過去經商的人、父母為商人的人、祖父母為商人的人。

不過，商人的經濟地位在漢代卻要比農民高得多，因為他們賺錢比農民多。而且，隨着賺錢越來越多，商人的勢力也似乎越來越大。晁錯在描述漢朝農民悲慘生活的同時，也描述了當時商人的生活狀況。他說：「商人靠着賤買貴賣，賺得了巨大的財富，他們再以財富為敲門磚，結交王侯高官，官商勾結，不僅能使諸多抑制商人的法規形同虛設，反而還能乘機兼併農民的土地，成了豪族。」因此，晁錯說：「今法律賤商人，商人已富貴矣；尊農夫，農夫已貧賤矣。故俗之所貴，主之所賤也；吏之所卑，法之所尊也。上下相反，好惡乖迕……」這段話揭示出了漢代農民生活和商人生活之間的巨大差距，由此亦可看出，漢代法律上「重農抑商」的措施可能在實際生活中並沒有收到預期的效果。

史書上也記載了幾位有名的漢代富商。比如蜀地的卓氏，就是卓文君的家族。卓家原本是趙國人，在戰國時靠冶鐵致富。秦國滅掉趙國後，卓氏被秦人擄掠，遷到了偏遠的蜀地。當時，卓氏「夫妻推輦」，十分落魄。被遷徙的人都用錢財賄賂秦朝官吏，希望能被遷到劍閣一帶就可以了，不要遷得太遠。卓氏夫

婦覺得劍閣不是一個好地方，要求遠遷，結果被遷到了臨邛（今四川邛崍）。卓氏夫婦大喜，在此地開礦煉鐵，賺錢之後再「運籌策」，進行商業活動，結果很快就積累了巨大的財富，「富至僮千人」。生活方面則是「田池射獵之樂，擬於人君」。需要說明的是，漢代對商業的界定跟今天略有差別，像冶鐵、煮鹽、釀酒、造船等製造業當時也被視為商業，從事這些行業的人一律被稱為「賈」，也就是商人。

漢朝著名的冶鐵商人還有邯鄲郭縱，其富裕程度，與王者埒富；臨邛程鄭，富裕程度與卓氏不相上下；宛孔氏家致數千金；魯人曹邴氏富至巨萬。此外，關中地區的田家、杜家也是著名的富商大賈，家財巨萬。

到了漢武帝時期，朝廷因連年征討匈奴，耗費大量錢財，造成了財政困難。為了渡過財政危機，漢武帝開始向商人尋求幫助。他任命「齊之大煮鹽」東郭咸陽和「南陽大冶」孔僅為大農丞，「領鹽鐵事」，讓商人替朝廷賺錢。從此之後，商人開始躋身於漢代的朝堂之上，成了有名的大臣。最有名的就是桑弘羊，他本是洛陽商人之子，工於心計，先是官拜大司農中丞，後遷為治粟都尉，最後升遷至御史大夫，位列三公。桑弘羊先後推行了算緡、告緡、鹽鐵官營、幣制

改革、酒榷等經濟政策，確實替漢武帝賺了很多錢。可是，他的這些政策在當時就受到一些人的詬病，說他「與民爭利」、「搜刮錢財」。漢武帝去世之後，有些政策被廢除了，有些政策則一直執行。桑弘羊本人後來因捲入燕王劉旦和上官桀父子的謀反事件而被誅殺。

桑弘羊之後，漢代再沒有其他商人被委任為朝廷要職。公元前 7 年，漢哀帝下詔書，再次重申商人不得為官的規定，並稱「犯者以律論」。從這裏可以看出，商人在漢代總體上是受到政治和法律歧視的一個階層，但他們可以通過雄厚的經濟實力享受富足的生活，還可通過結交權貴的方式在一定程度上抵消歧視。

第十個階層：其他群體

這個群體包括醫生、方士、奴婢、遊俠等，這些人在漢代人數較少，算是邊緣階層。

醫生在漢代的政治地位顯然不如官員和士人，但是比商人要高，因為醫生是可以被舉薦做官的。比如華佗就曾被推舉為孝廉，也曾被太尉黃琬聘為幕僚。

醫生的生活狀況也是不錯的，他們靠給別人治病謀生，收入應該不低，若醫術高超，贏得了「神醫」

的美譽，其出診費及病人癒後的酬謝都是一筆不小的數字。風險當然也是存在的，那就是會惹上「醫療官司」，特別是為權貴治病之時，不去不行，去了治不好可能還會惹上麻煩，有時甚至有殺身之禍。華佗就因為得罪了曹操而被關押，死於獄中。

相比於華佗，淳于意的知名度可能小一些，但他的故事同樣能說明漢代醫生所面臨的風險。淳于意是臨淄（今山東淄博）人，從小喜歡醫術。他先拜師公孫光，後又師從公乘陽慶。公乘陽慶沒有兒子，就把自己的所有醫術都教給了淳于意，連秘方都沒保留，「盡去其故方，更悉以禁方予之」。得到公乘陽慶的真傳後，淳于意「為人治病，決死生多驗」，醫術非常高明。

有了高超的醫術在身，淳于意就「左右行游諸侯，不以家為家」，長年在外，很少在家。我覺得這恰恰說明他醫術高超，不斷被外地人請去看病。可是，他長年不在家，那些慕名上門求醫的患者就不能如願，對他有怨氣說：「怎麼老是找不到你呀？」

此外，他有時也故意躲避，不給權貴看病。我覺得這裏面可能有兩種情況：一種情況，遇到已經病入膏肓的病人，淳於意知道治不好，就不願意再接手了；另一種情況，一些權貴特別難伺候，給他們治病

本身就風險極大，治好了還好說，若沒有治好，可能就會惹上麻煩。總之，為了避免「醫療糾紛」，淳于意有時不給患者治病。可是就因為這件事，淳于意就被人舉報了，而且還要被押解到長安去受審、受刑。

淳于意有五個女兒，一看老爸要被押解到長安，就追着囚車哭。

淳于意看着五個女兒一塊哭，怒了，發牢騷說：「生女兒不生男孩，危急時都沒人能幫忙！」潛台詞是女兒真沒用。

他最小的女兒叫緹縈，聽了父親的話之後非常傷心，就跟父親西行。到了長安之後，緹縈給皇帝上書，替父親求情，她說：「妾父為吏，齊中稱其廉平，今坐法當刑。妾切痛死者不可復生，而刑者不可復續，雖欲改過自新，其道莫由，終不可得。妾願入身為官婢，以贖父刑罪，使得改行自新也。」意思是說，我的父親在齊地有清廉公平之名，他如今犯了法，理應獲罪受刑。可是我想，死去的人不能復生，受了肉刑的人肢體再也不能得以完好。即便日後他想改過自新，也沒辦法補救身體的殘損了。我願意捨身做官府中的女奴，以此來贖父親的罪過，免去他的肉刑。

漢文帝是中國歷史上有名的仁君，他看了緹縈的上書後非常感動，一方面覺得這個女孩孝心可嘉，

另一方面也覺得對犯人施行肉刑確實太殘忍。於是，漢文帝下令特赦了淳於意，同時下詔廢除了肉刑（如往犯人臉上刺字的黥刑、挖掉膝蓋的臏刑等）。這便是歷史上有名的「緹縈救父」的故事，發生在公元前176年。從這個故事中，不但可以看出緹縈的孝心，而且還可以看出漢代醫生所面臨的職業風險。

方士包括相士、卜者、巫者等，用通俗的話說就是相面的、算命的、跳大神的這類人。他們靠占卜為生，占卜一直被視為賤業，在漢代也一樣。這些人被禁止做官，社會地位比較低。可有趣的是，史書上記載的方士往往活得不錯。比如嚴君平，他「卜筮於成都市」，在成都的市場上給人算命，「裁日閱數人，得百錢足自養，則閉肆下簾而授《老子》」，每天只給幾個人看相，收夠一百個銅錢，夠維持生活的就收攤，然後回家向徒弟講授《老子》。漢代的大文學家揚雄就是嚴君平的學生。揚雄成名後，極力推崇嚴君平的為人和學說，言辭之間充滿了敬意。

還有一些方士因為忽悠住了皇帝而一度大富大貴。比如新垣平，他以「望氣」之說忽悠住了漢文帝，漢文帝就封他為上大夫，「賜累千金」，很是得寵。後來有人發現了新垣平的詐術，上書告發，將其抓了一審，情況屬實，於是，新垣平被殺掉。

從左至右：南越王趙佗、賈誼、陸賈、漢文帝、孝女緹縈。

漢武帝更是喜歡搞神神鬼鬼的迷信活動，先後有李少君、少翁、欒大、公孫卿等方士忽悠他。他對這些方士出手非常大方，欒大被封為將軍，還被封侯，食邑二千戶，而且以衛長公主妻之。靠占卜竟然能封侯，還娶了皇家的公主，這個欒大堪稱漢代最強占卜大師。後來，漢武帝發現欒大的方術並不靈驗，知道被騙了，遂將欒大腰斬。由此可見，方士這個群體在漢代與商人有異曲同工之處，那就是他們所從事的同屬「賤業」，政治地位和社會地位都比較低。可是在實際生活中，這些人反倒很有能量，他們或靠錢財賄賂權貴，或靠方術、巫術欺世盜名，常常能結交上權貴，混得風生水起。當然，方士的職業風險也比較高，一旦被人發現方術不靈或者存心欺詐，那後果就會很嚴重 —— 不但富貴不保，而且腦袋都有可能搬家。

　　奴婢是漢代社會最底層的人群，他們的社會地位、法律地位和生活水平都是最低的。奴婢在法律上沒有自由，他們要麼是國家的財產（官奴），要麼是私人的財產（私奴），不管哪一種，他們都完全處於主人的控制之下。奴婢必須老老實實地為主人服務，如果不能讓主人滿意，就會受到處罰。漢朝的法律明確規定：奴不聽教，當笞一百。奴婢還可以被賣掉，

也可以作為禮物轉送給他人。奴婢必須得穿特製的衣服，以表明他們低下的奴婢身份。

奴婢的來源有很多種，一種就是窮困潦倒的人無力養活自己和家人，只好自賣為奴，或者將子女賣為奴婢，這在漢代的法律是允許的。漢代買賣奴婢的事情非常普遍，買賣奴婢與買賣牛馬還經常在同一個市場上進行。不少富人在市場上買了牛馬之後，順道再買上一兩個奴婢，令其為自己飼養牲畜；奴婢的另一個來源就是重刑犯的家屬，比如犯有謀反大罪的人，法律規定如「罪人妻子沒為奴婢，黥面」；異族的首領給朝廷進貢，貢品之中經常也有數量巨大的奴婢。根據進獻地域的不同，這些奴婢分為越婢、滇僮等，越婢指的是今天的浙江、福建、廣東、廣西一帶的女奴，滇僮則是今天雲南一帶的少年奴婢；還有學者提出，戰俘也是漢朝奴婢的一個重要來源，這種情形在世界歷史上是比較普遍的。可是，這種觀點沒有得到學界的公認，原因是史籍中沒有漢代朝廷或私人將戰俘作為奴婢的有力證據。

漢朝的奴婢雖然分為官奴和私奴兩大類，可這兩者之間並無本質差別，可以迅速轉換。有功的大臣可以從皇帝那裏得到賞賜的奴婢，通過這種方式，官奴迅速轉化成了私奴；朝廷也可以從富商那裏罰沒數量

巨大的私奴，這樣一來，私奴也就轉化成了官奴。

就服務內容而言，男性奴婢經常會被指派飼養牲畜、充當護衛及隨主人一同參軍等；女性奴婢則主要從事家務勞動及娛樂服務。漢代的權貴和富商之家一般會畜養一些通曉音樂、能歌善舞的女奴婢，她們以歌舞表演取悅主人，當然有時還要提供性服務。

凡事都有例外，若以為漢代的所有奴婢都待遇低下、生活困苦，那也會犯以偏概全的錯誤。若奴婢服務的主人特別尊貴，且奴婢又得到主人的重用，那這樣的奴婢也會仗着主人的權勢飛揚跋扈，橫行不法。比如，霍光得勢時，他的家奴跟御史大夫魏相的家奴爭道，結果，「霍氏奴入御史府，欲蹋大夫門，御史為叩頭謝，乃去」。看看，在這種特定的情況下，霍光的家奴竟敢欺負御史，逼御史向他們磕頭、道歉。東漢時期，劉秀的姐姐湖陽公主的家奴也白日殺人，結果遇到了「強項令」董宣。董宣不信邪，硬是把這個家奴給抓了。當然，像這樣飛揚跋扈的奴婢肯定是奴婢中的特例，不能代表奴婢階層的普遍狀態。

漢代的社會人群中，還有一個人數更少、情況更特殊的群體，那就是遊俠。遊俠是暴力團夥的頭子，他們是社會上的一種邊緣群體，他們的權力不是來自政治上的加官晉爵，也不是來自於經濟上的「家有千

金」，更不是來自於文化上的腹有詩書，而是來自於對他人的暴力傷害，即所謂的「俠以武犯禁」。他們經常使用暴力手段，有時是在行俠仗義，有時是違法亂紀，有時是在維護當地秩序和江湖道義。遊俠之中固然有扶危濟困、主持正義的「浪漫騎士」，但大多數恐怕還是一些惹事生非、恃強凌弱的不法之徒。

舉個例子就能讓大家對遊俠有一個直觀的印象。公元前 154 年，漢朝爆發了有名的七國之亂。漢景帝趕緊命太尉周亞夫帶兵平定叛亂。周亞夫急速趕往河南，快到河南的路上，他見到了遊俠劇孟，非常高興，說：「吳楚等七國聯合起兵造反卻不知道尋求劇孟的幫助，我由此就能判定他們沒大能耐。」

劇孟是著名的遊俠，他能被太尉周亞夫如此看重，足以說明他在當時的影響力。作為江湖大哥，他的追隨者遍佈河南一帶。吳楚等七國的造反軍隊要在這一帶與漢軍交戰，劇孟站在哪一邊，哪一邊就大大有利。吳楚等七國先採取了軍事行動，卻沒想到聯合劇孟，顯然是一個失策。周亞夫與劇孟見面之後，把劇孟爭取到了朝廷這邊。這之後，周亞夫「會兵滎陽」，將兵力集結於滎陽，放心地對抗七國聯軍。

從這個事件中，我們足以看出遊俠在漢朝社會上的重大影響力。在兩軍大戰之際，遊俠劇孟都如此關

鍵，遑論平日？史書記載，劇孟的母親去世時，從各地趕來給他母親送喪的豪華車就有近千輛。

遊俠這個群群的大量出現，顯然要追溯到戰國時期。著名的戰國四君子（齊國孟嘗君、趙國平原君、魏國信陵君、楚國春申君）大量養士，他們各有三千食客。這些食客當中便有大量的遊俠。秦朝統一六國之後，雖曾下氣力打擊遊俠，但秦國只存在了十五年就滅亡了，遊俠勢力並沒有徹底清除。漢朝建立之初，採取「無為而治」的黃老之術治理國家，法律比較寬鬆，遊俠大量存在。這個時期，高官貴族還保留着養客的風氣，吳王、淮南王皆招賓客以千數，竇氏、王氏等外戚也擁有數量眾多的門客，門客之中仍有不少遊俠。

一個遊俠的影響力一般會局限在一定的區域之內，比如在京城，東市有「宿豪大猾」賈萬，城西柳市有萬章，酒市有趙放，大概這幾個遊俠分別控制了幾個市場，向那裏的生意人收取保護費。京城之外，地方上遊俠的影響力一般只限於一縣之內。當然也有影響力能擴展到鄰縣的人物，比如郭解。此外還有季心，他為任俠，方數千里，士皆爭為之死。

「盜亦有道」，遊俠當然也有他們信奉的江湖道義，這就是所謂的俠義精神。俠義精神大體包括信守

諾言、救人困厄、藏匿亡命、結交賓客、仗義疏財等。單純從概念上看，俠義精神似乎也屬社會正能量，事實上不少遊俠的行為也確有可圈可點之處，可他們的行為終究「不軌於正義」。比如，在遊俠眼裏，國家的法律根本不算事，在救助別人時不用考慮是否會觸犯法律，報仇要殺人時更是敢於觸犯法律。比如，遊俠經常愛幹的一件事就是藏匿政府通緝的罪犯。因為他們看來，收留一個投奔自己的逃亡者，正說明自己「仗義」，「赴士之困厄」，這是一種榮耀。

西漢初年有個遊俠叫朱家，他就特別愛幹這種事，「藏活豪士以百數，其餘庸人不可勝言」。為了幫助逃亡者，他搞得自己賬戶沒了餘額，穿的差，吃的也差，出行連馬車都坐不上，只能坐牛車。即便這樣，朱家還藏匿了季布。季布是漢高祖懸賞緝拿的仇家，漢高祖下令誰敢幫助季布躲藏就滅誰三族。這麼嚴厲的命令，朱家依然置若罔聞，照樣把季布給藏匿了起來。後來朱家還委託夏侯嬰說情，讓劉邦赦免了季布。朱家冒這麼大的風險藏匿季布，主要原因就在於季布也是一個「重然諾」的大俠，有「一諾千金」的美譽。當時的說法是：得黃金百斤，不如得季布一諾。

遊俠熱衷於藏匿罪犯，這顯然挑戰了法律的權威。此外，他們「主持正義」時採用暴力手段，這更不見容於官府。因此，遊俠一直被看成是社會秩序和法律尊嚴的挑戰者，打擊他們也是漢朝一貫的政策，只不過在不同的時期打擊的力度略有不同而已。總體而言，西漢初期，朝廷對遊俠多採取睜隻眼閉隻眼的態度，到了文帝、景帝、武帝時期，朝廷打擊遊俠的力度越來越大，有時甚至採取過激手段，在證據並不充足的情況下就處死遊俠。比如，郭解的父親就是一個遊俠，在漢文帝時被處死了；郭解也成了一個有名的遊俠，他被逮捕之後，朝廷官吏審查他，認為按照法律條文並不能判他有罪，但御史大夫公孫弘仍主張以「大逆不道」之罪判刑。最後，郭解被滅族。

　　周亞夫在平定七國之亂時極力拉攏劇孟，那是在利用遊俠；公孫弘堅決主張處死郭解，那是在堅決打擊遊俠。這兩起個案合在一起，基本上也就代表了朝廷對遊俠的態度：既利用又打擊。在遊俠力量對朝廷有利時，朝廷就拉攏利用；等利用完了，發現遊俠挑戰了自己的權威，那朝廷反過來就堅決予以打擊。

太后為何多任性

　　作為皇帝的母親或祖母，太后在漢代往往擁有極大的權力。有的仗着自己的太后身份，往往為所欲為，非常任性，攀比、忌妒、貪婪、狠毒，種種不堪一樣不缺。

呂太后

　　劉邦死後，太后呂雉掌權。她瘋狂迫害戚夫人和她的兒子趙王如意——先是用鴆酒毒死了趙王如意，然後砍掉了戚夫人的手腳，挖去了眼睛，熏聾了耳朵，給她吃了變啞的藥，使其變成了「人彘」。老媽如此殘忍地對待戚夫人，連兒子漢惠帝都覺得太過分了，他大受刺激，無心理政，六年後就駕崩了。

　　按說，漢惠帝二十出頭就駕崩，呂太后這個當媽的應該傷心欲絕才對，可是，呂雉不是這樣。史書記載，漢惠帝發喪的時候，「太后哭，泣不下」，乾哭，就是不流眼淚。

　　張良的兒子非常聰明，他看到這種情形，就對丞相陳平說：「呂太后只有惠帝這一個兒子，現在兒子死了，她卻『哭不悲』，雖然哭泣，但沒眼淚，不悲傷，你知道這是甚麼原因嗎？」

陳平就問：「甚麼原因呀？」

他說：「漢惠帝沒有親生兒子，太后是害怕你們這些功臣奪了她的大權呀——如果你們這些功臣以後扶持了別的劉氏子孫為皇帝，那呂雉就失去了太后的身份，無法再大權獨攬了。她擔心的就是這個。你請求拜呂台、呂產、呂祿等呂家人為將軍，統領南北軍，呂太后才會放心，你們這些功臣才會僥幸脫禍，否則她可能會先發制人，發動政變，清除你們。」

陳平依計行事，「其哭乃哀」，太后心情高興了，然後才為漢惠帝之死傷心地哭起來。

唯一的兒子英年早逝，呂雉不是本能地悲傷，而是首先考慮如何確保自己手中的權力不被別人奪走，其對權力的貪婪和她報復戚夫人時的殘忍正好互相印證。

竇太后

呂太后絕不是漢代唯一任性的太后。竇太后是漢景帝的母親，她信奉道家的黃老之術，就請來轅固生，問他讀《老子》一書的體會。轅固生是著名儒生，對道家思想不感興趣，就說：「這不過是普通人的言論罷了。」竇太后聽後大怒，下令將轅固生投入野豬圈中。

漢景帝知道轅固生直言，並無罪過，可是太后發怒了，他也阻止不了，只能偷偷地給轅固生一把鋒利的刀子。轅固生到野豬圈中，一刀刺中了野豬的心臟，野豬應聲倒地。這時，竇太后才「默然」，不說話了。

一言不合就要把人家扔到豬圈裏去餵野豬，你說這個竇太后任性不任性？幸虧轅固生關鍵時刻表現神勇，刺死了野豬，才僥幸活命。

漢景帝死後，漢武帝即位，竇太后以祖母的身份繼續控制朝政，致使漢武帝遲遲不能尊奉儒家為主流意識形態。一直到竇太后去世之後，漢武帝才得以按照自己的想法治理國家。

王太后

漢武帝的老媽王太后也比較任性。竇嬰是竇太后的堂侄，曾當過丞相，田蚡是王太后同母異父的弟弟，任太尉。這兩個外戚爭權，田蚡在背後傾軋竇嬰。失意將軍灌夫為竇嬰打抱不平，借着酒意羞辱田蚡。田蚡大怒，逮捕了灌夫，擬處以棄市罪。竇嬰挺身而出，上書營救灌夫。

漢武帝讓竇嬰和田蚡兩人當場辯論，他們兩人互相攻擊，朝臣們的意見也不統一。漢武帝雖傾向於竇

嬰，但一時拿不定主意。漢武帝退朝之後，王太后就在飯桌上打聽朝堂辯論的情況。得知漢武帝傾向於竇嬰時，王太后怒不可遏，說：「我現在還活着呢，別人就爬到我弟弟的頭上了，那等我死後，他們還不把弟弟給生吞活剝了。」而且她還說：「難道皇帝你是個石頭人嗎？」

礙於王太后的盛怒，漢武帝不得不族滅了灌夫。兩個月之後，竇嬰也被棄市。竇嬰在平定吳楚七國之亂時有戰功，曾被封為魏其侯，位至大將軍。這樣一位對漢朝有功的外戚，最後也被殺害，王太后對朝政的干預力量由此可見一斑。

傅太后

傅太后也比較任性。她是漢元帝的妃嬪，生定陶恭王，定陶恭王生子劉欣。漢成帝無子，立劉欣為太子。皇帝駕崩後，劉欣即位，是為漢哀帝。傅太后遂以漢哀帝祖母的身份入居宮禁。傅太后曾經與中山孝王的母親馮太后「並事元帝」，兩人當年都是漢元帝的嬪妃，「追怨之」，當年結了怨，現在傅太后就要報復，以祝詛罪陷害馮太后，逼迫其自殺。

傅太后想與漢成帝的母親王太后平起平坐，王莽不同意，說：「傅太后原本是漢元帝的嬪妃，而王太后

則是漢元帝的正牌皇后，傅太后生的兒子是定陶王，而王太后的兒子是漢成帝。兩人的身份差別如此明顯，怎麼能平起平坐呢？」並命人撤去了傅太后與王太后平起平坐的座席。

傅太后聽說此事後，「大怒，不肯會，重怨恚莽」。你看這表現多麼任性，大怒了還不算，乾脆就不來參加這次朝會了，而且恨王莽恨到了骨頭裏。其實，王莽的做法並沒有錯，按照儒家禮法的規定，傅太后確實不能與王太后平起平坐。

傅太后是靠着孫子漢哀帝才得以囂張、任性的，漢哀帝駕崩之後，王莽憑藉着姑姑王太后的支持重新掌握了大權，他上台不久就徹底清洗了傅氏外戚（傅太后此時已死）。傅太后的任性最終為她家族的覆滅埋下了禍根。

終西漢一朝，外戚擅權的問題一直很突出，之所以有這個問題，與西漢時期太后權力過大密不可分。大漢帝國一直宣稱「以孝治天下」，那麼皇帝自然應該孝順自己的母親或祖母。皇帝都是自己的兒子或孫子，太后們僅憑這一點就足以傲視天下，無視規則，蠻霸任性。

太后也有碰壁的時候

不過凡事有例外，只要遇到真正執法公正的皇帝，太后的面子有時也不管用。漢文帝誅殺薄昭一事就能充分說明這一點。薄昭是漢文帝劉恆的舅舅，是薄太后唯一的親兄弟，他被封軹侯，又出任車騎將軍。身為皇帝的舅舅，又大權在握，薄昭也為所欲為起來。公元前 170 年，他竟然殺死了漢文帝的使者。這下可把漢文帝惹火了，連皇帝的使者都敢殺，這還了得！漢文帝想殺掉薄昭，但又不願意承擔殺死親舅舅的惡名，就想出一個辦法：勸薄昭自殺。漢文帝先打發一些公卿大臣到薄昭家裏去喝酒，在酒席上這夥人就勸薄昭自殺謝罪。可是薄昭不幹，心想，「我是太后的弟弟、皇上的舅舅，憑甚麼要自殺呀？」大臣們一看人家不聽他們的，也無可奈何。

漢文帝一看，這個舅舅臉皮還很厚，勸他自殺不聽，那就逼他自殺，於是他又派公卿大臣去薄昭家「吊孝」，大臣們穿上喪服、戴着孝，一起來到薄昭家哭喪。這麼一搞，薄昭知道皇帝確實動真格的了，只好自殺。

漢文帝逼薄昭自殺之時，薄太后還活着，所以唐代李德裕認為漢文帝的做法，「非所以慰母氏之心也」，意思是，他殺死了舅舅，傷了母親的心，似乎

有悖於孝道。可司馬光則認為，漢文帝執法公正，「親疏如一」，即便是舅舅犯法，也一樣誅殺，有大義滅親的風範。

因為漢文帝不徇私情，所以薄太后也就沒有留下跋扈、任性的惡名，相反倒有「母德慈仁」的美譽。可見，太后的任性以及由此衍生出的外戚擅權，歸根結底還是皇帝縱容出來的。皇帝一旦軟弱昏瞶，往往就以孝順的名義縱容自己的母親或祖母，母親和祖母一旦仗着太后的身份為所欲為，那外戚家族就可仗着太后的關照而飛揚跋扈、違法亂紀。

延伸閱讀書目

- 王子今：《秦漢交通史稿》增訂版，北京：中國人民大學出版社，2013 年。
- 安作璋、熊鐵基：《秦漢官制史稿》，濟南：齊魯書社，2007 年。
- 呂思勉：《秦漢史》，上海：上海古籍出版社，2020 年。
- 邢義田：《天下一家：皇帝、官僚與社會》，北京：中華書局，2011 年。
- 邢義田：《地不愛寶：漢代的簡牘》，北京：中華書局，2011 年。
- 邢義田：《治國安邦：法制、行政與軍事》，北京：中華書局，2011 年。
- 邢義田：《畫為心聲：畫像石、畫像磚與壁畫》，北京：中華書局，2011 年。
- 邢義田：《秦漢史論稿》二版，台北：三民書局，2019 年。
- 陳序經：《匈奴史稿》，香港：三聯書店（香港）有限公司，2020 年。
- 林劍鳴：《秦漢史》，上海：上海人民出版社，2019 年。
- 林劍鳴等：《秦漢社會文明》，西安：西北大學出版社，1985 年。

- 范捷：《皇帝也是人》秦漢卷，香港：三聯書店（香港）有限公司，2019 年。

- 徐楓：《秦始皇：旭日東昇的大秦帝國》，香港：三聯書店（香港）有限公司，2013 年。

- 崔瑞德（Denis Twitchett）、魯惟一（Michael Loewe）編，陳高華等譯：《劍橋中國秦漢史（公元前 221 至公元 220 年）》(The Cambridge History of China Vol.1: The Ch'in and Han Empires, B.C.221-A.D.220)，北京：中國社會科學出版社，1992 年。

- 張文立：《秦始皇評傳》，台北：里仁書局，2000 年。

- 張傳璽：《漢高祖 • 漢武帝》，北京：北京古籍出版社，2019 年。

- 黃今言：《秦漢軍制史論》，南昌：江西人民出版社，1993 年。

- 黎隆武：《西漢海昏侯墓大發現與墓主劉賀傳奇》，香港：香港中和出版有限公司，2016 年。

- 錢穆：《秦漢史》，北京：生活 • 讀書 • 新知三聯書店，2005 年。

- 嚴耕望：《秦漢地方行政制度》，北京：北京聯合出版有限公司，2020 年。

- 顧頡剛：《秦漢的方士與儒生》，上海：上海古籍出版社，2005 年

- 鶴間和幸著，李彥樺譯：《始皇帝的遺產：秦漢帝國》，台北：台灣商務印書館，2018 年。

大事年表（公元前221—公元8）

■公元前 221 年

* 秦王嬴政建立秦朝，是為秦始皇。

■公元前 219 年

* 封禪泰山。
* 第一次出兵百越。
* 派方士徐福出海求仙。

■公元前 214 年

* 增築長城，西起臨洮，東至遼東。
* 第二次出兵百越。

■公元前 210 年

* 第三次出兵百越。

■公元前 209 年

* 秦始皇病故，胡亥繼位，是為秦二世。

- 陳勝、吳廣在大澤鄉起義，建立張楚政權。稍後，項梁、項羽、劉邦先後起兵反秦。

■公元前 208 年

- 秦二世被宦官趙高殺害。

■公元前 207 年

- 子嬰繼位，在位僅四十六天。
- 項羽在巨鹿之戰大破秦軍。

■公元前 206 年

- 劉邦進入咸陽，駐軍灞上，子嬰出降，秦朝滅亡。
- 項羽進入咸陽，殺子嬰，屠咸陽，火燒秦宮及破壞始皇陵。

■公元前 202 年

- 項羽在垓下之戰兵敗自盡，劉邦建立漢朝，是為漢高祖。

■公元前 200 年

- 漢高祖在平城白登山被匈奴圍困。
- 定都長安。

■公元前 198 年

- 漢朝與匈奴開展和親外交。

■公元前 196 年

- 漢高祖誅殺開國功臣韓信、彭越。

■公元前 194 年

- 劉盈繼位，是為漢惠帝。

■公元前 193 年

- 相國蕭何病故，由曹參接任，史稱「蕭規曹隨」。

■公元前 188 年

- 漢惠帝病故，呂后臨朝稱制。

■公元前 180 年

- 陳平、周勃誅殺呂氏家族，迎立代王劉恒，是為漢文帝。

■公元前 174 年

- 賈誼上呈《治安策》，提出「眾建諸侯而少其力」的削藩政策。

■公元前 156 年

- 劉啟繼位，是為漢景帝。

■公元前 154 年

- 吳楚七國之亂爆發。

■公元前 144 年

- 匈奴犯邊，上郡太守李廣出兵擊退。

■公元前 141 年

- 劉徹繼位，是為漢武帝。

■公元前 140 年

- 漢武帝以「建元」為年號，開啟了中國皇帝採用年號的先河。

■公元前 138 年

- 張騫開始第一次通西域之旅。

■公元前 134 年

- 董仲舒上《天人三策》，主張「罷黜百家，表章《六經》」。

■公元前 120 年

- 衛青、霍去病出兵重創匈奴，史稱從此「漠南無王庭」。

■公元前 118 年

- 張騫開始第二次通西域之旅。

■公元前 108 年

- 平定南越，在其地設置南海、交趾、九真及日南等九郡。
- 平定朝鮮，在其地設置樂浪、臨屯、玄菟及真番四郡。

■公元前 106 年

- 設置十三州刺史，以「六條問事」。

■公元前 104 年

- 董仲舒病故，著有《春秋繁露》。
- 頒佈《太初曆》，是中國首部記錄完整的曆法。

■公元前 93 年

- 魯恭王毀孔子舊宅，得古文《尚書》等。

■公元前 91 年

- 發生巫蠱之禍。

■公元前 89 年

- 漢武帝下罪己詔。

■公元前 87 年

- 劉弗陵繼位，是為漢昭帝。

■約公元前 86 年

- 司馬遷病故，著有《史記》，是中國史學史上首部紀傳體史書。

■公元前 81 年

- 召開鹽鐵會議，桓寬整理成為《鹽鐵論》。

■公元前 74 年

- 劉詢繼位，是為漢宣帝。

■公元前 60 年

- 設置西域都護，統轄天山以南、蔥嶺以東西域諸國。

■公元前 49 年

- 劉奭繼位，是為漢元帝。

■公元前 33 年

- 宮女王昭君嫁予匈奴呼韓耶單于。

■公元前 33 年

- 劉驁繼位，是為漢成帝。

■公元前 7 年

- 劉欣繼位，是為漢哀帝。

■公元前 2 年

- 大月氏使者口授博士弟子景廬《浮屠經》，是佛教傳入中國的開始。

■公元前 1 年

- 劉衎繼位，是為漢平帝。
- 王莽秉政，托古改制。

■公元 8 年

- 王莽篡漢，改國號新。

策劃編輯		梁偉基
責任編輯		梁偉基
書籍設計		a _ kun

書 名		一本讀懂秦漢中國
著 者		鄭連根
出 版		三聯書店（香港）有限公司
		香港北角英皇道 499 號北角工業大廈 20 樓
		Joint Publishing (H.K.) Co., Ltd.
		20/F., North Point Industrial Building,
		499 King's Road, North Point, Hong Kong
香港發行		香港聯合書刊物流有限公司
		香港新界荃灣德士古道 220-248 號 16 樓
印 刷		美雅印刷製本有限公司
		香港九龍觀塘榮業街 6 號 4 樓 A 室
版 次		2021 年 1 月香港第一版第一次印刷
規 格		大 32 開（132 × 210 mm）320 面
國際書號		ISBN 978-962-04-4759-4

© 2021 Joint Publishing (H.K.) Co., Ltd.

Published & Printed in Hong Kong